原発に挑んだ裁判官

原発に挑んだ裁判官

磯村健太郎　山口栄二

朝日文庫

本書は二〇一三年三月に朝日新聞出版より刊行された『原発と裁判官
――なぜ司法は「メルトダウン」を許したのか』の増補改訂版です。

目 次

図版製作　鳥元真生

※東日本大震災のことを「三・一一」と表すことがある。
※写真の著作権は、提供者名を添えたもの以外は朝日新聞社に帰属する。

はじめに

原発は危険なのか。それとも大地震が起きても大丈夫なのか。三・一一後、原発が少しずつ再稼働していくなか、漠然とした不安を持っている人は多いと思います。いったい本当はどちらでしょう?

対立する主張を本格的にぶつけ合う場は、裁判しかありません。「危険だから止《と》めてほしい」と訴える住民たちが原告となります。国や電力会社は被告です。そして、どちらに説得力があるかを判断するのが裁判官です。勝訴と敗訴を分けるポイントは何でしょうか。

この本は、裁判長らの証言と最高裁の内幕を知る人たちの証言を収めています。原発と裁判に関する用語にわかりやすい説明を添えて、予備知識がなくても読めるように工夫しました。

憲法第七六条はこう述べています。

「すべて裁判官は、その良心に従い独立してその職権を行い、この憲法及び法律にのみ拘束される」

裁判所（司法）は良心に従って、内閣（行政）と国会（立法）からも独立し、ものごとを判断できることになっています。

ただ、原発は国策です。国として推し進める方針があり、政府と官僚組織、そして電力会社は一体となって原発をつくろうとし、動かし続けようとします。二〇一一年に東日本大震災が起きました。福島第一原発は爆発し、炉心が溶け落ちました。メルトダウンです。そんな大事故を経ても原発推進という政府の姿勢は変わりません。

では、三権のひとつである司法は、真に独立して原発に向き合ってきたでしょうか。原発訴訟はこれまで、住民側の負けがほとんどです。裁判所が政府に忖度《そんたく》したということはないのでしょうか。わずかながら住民側が地裁や高裁で勝った裁判もありますが、結局はその後、逆転敗訴です。つまり、正式な裁判で原発が止まったことは一度もありません。いったい、なぜでしょう。わたしたち筆者二人は取材開始から八年、そうした問題意識をもってきました。

この本は三部構成です。

　第一部には、住民側勝訴の判決を下した三人の裁判長が登場します。なにが勝敗を分けたのか、どんな論理によって結論を導き出したかを丁寧に解説してもらいました。司法の可能性を感じることができる内容です。

　第二部では住民側敗訴の判決を書いた裁判長らに証言してもらいました。どのように「原発を裁く」ことはむずかしいのか。その葛藤を通じて、司法の限界をうかがうことができます。

　第三部では、地裁や高裁の裁判官に強い影響力をもつ最高裁の動きと今後の原発訴訟のゆくえを追いました。


　初めは無謀な企画と思いました。裁判官は退官後も、個別の事件について口を開くことはほとんどないからです。「裁判官は語らず」。新聞記者はそんな暗黙のルールを知っているので、ふだん取材対象としていません。それでも、わたしたち二人は口の堅い裁判官たちに協力を求めました。手紙を書き、了承の返事をもらうまで一年待った例もあります。

　そこまで粘ったのは理由があります。福島の原発でメルトダウンを許した責任の一端は司法にもあるからです。一九七〇年代から各地で起こされてきた原発訴訟で、もし司法がもっと厳しい審理を重ねていたならば、国や電力会社に緊張感を与えたのではないでしょうか。耐震基準はより厳しくなり、地震や津波対策もより真剣におこなわれたことでしょう。

この本の目的は歴史の検証だけではありません。原発訴訟は三・一一後にも次々と起こされています。あの福島の大事故を受けて、裁判官の意識は変わったのか、変わらないのか。それを追うことはメディアの責務であり、市民にとっては知っておく必要のある情報です。なぜなら、政府が原発政策を進め、国会の歯止めもきかないとき、原発に「NO」を突きつけることができるのは裁判官しかいないからです。

読み進めるうちに、司法制度の構造的な課題も見えてくると思います。原発訴訟という視点から日本の民主主義のあり方を考える契機にしていただければ幸いです。

第一部

住民側、勝訴

《三・一一後》

第一章「専門訴訟ではない。良識と理性の問題だ」

関西電力・大飯原発三、四号機訴訟　一審裁判長

(福井地裁／二〇一四年／原告勝訴)

樋口英明《ひぐちひであき》さんの証言

第一節　変化――先例にとらわれぬ発想で

「脱出用トンネル」

人口わずか八三〇〇。福井県おおい町は、日本海に面した過疎の町だ。同窓会を開くと町から助成金が出る。県外に住む人が帰省したり、いずれは定住して

くれたりするのを期待して予算化された。しかし、若者がUターンしても仕事は限られている。おもな産業は細々とした漁業と真珠の養殖だ。

そんなところに関西電力の大飯原発はある。町の歳入の六割を原発関連が占めている。

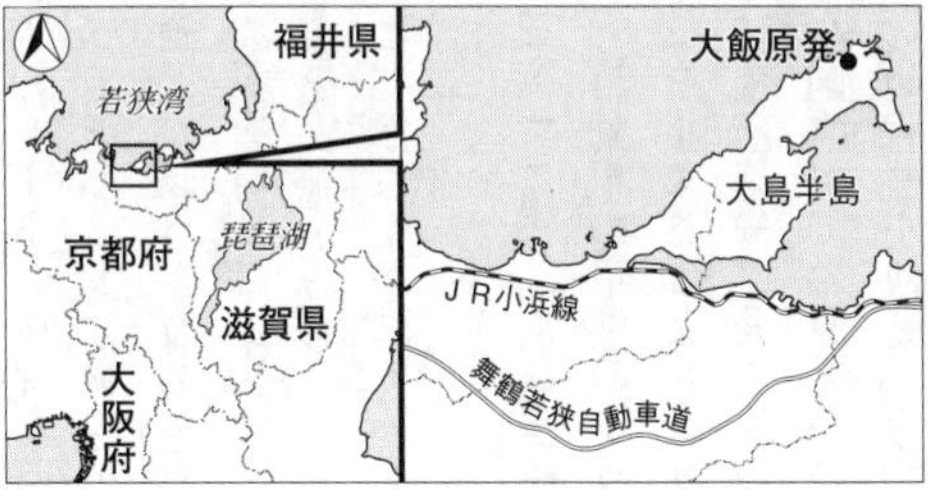

四基の原発は、美しい若狭湾国定公園に突き出した大島半島の先端近くに立っている。半島といっても付け根から先端まで約八キロ。その名の通り、もともとは島だったのだが、長い年月のうちに砂の堆積によって陸とつながった。地元の人たちはいまでもこの地区を「大島」と呼ぶ。原発は山の陰にあるため、海上からでなければ見ることはできない。発電所があることをうかがわせるのは丘に整然と並び立つ鉄塔と、そこに張り巡らされた無数の送電線くらいだ。電気はここから近畿一円に送られていく。

一、二号機は廃炉となることが決まっているが、三、四号機は残る。それぞれ出力一一八万キロワットで、一基あたりの発電量としては関西電力で最大の発電所だ。

半島の付け根から原発に通じる道路は一本しかない。そこで、別のルートを確保するために二キロ余りのトンネル工事が進んでいる。福井県のホームページにはトンネルが必要な理由として、集中豪雨で土砂崩れがたびたび起き、唯一の道路がふさがれる恐れがあると書いてあった。ただ、こうも付け加えている。「万が一の災害時には災害の制圧や住民の避難などにも重要となる道路にもなりうるため、本事業を実施するものであります」。地元では「原発事故が起きたときの脱出用トンネル」と、ささやかれている。

三・一一後、初の原告勝訴

自動車の車検のように、原発は原則として一三カ月以内に一度、定期検査のために運転を止めることが義務づけられている。

福島第一原発事故の翌二〇一二年五月、北海道電力・泊《とまり》原発三号機が定期検査に入り、全国すべての原発がいったん停止した。しかし当時の民主党政権が大飯原発三、四号機の再稼働を決め、全国で初めて二基は七月から動き出す。首相官邸前では連日、「原発ゼロ」を求めるデモが続いた。

この原発二基を動かさないでほしい――。住民らが関西電力を相手取って「運転差し止め」の訴えを福井地裁に起こしたのは、この年の一一月のこと。原告は福井県をはじめ、札幌から沖縄までの住民で、最終的に一八九人にのぼった。
原発訴訟としては異例のスピード裁判になった。提訴から一年半後の二〇一四年五月、東日本大震災後では初めて、原告勝訴の判決が出る。

【主文】被告・関西電力は大飯原発三、四号機の原子炉を運転してはならない——。

裁判の舞台となった福井地裁は終戦から八年後に落成し、戦後復興のシンボルとなった建物だ。その風格ある建物の二階に民事部の部屋はある。原発訴訟を担当することになったのは樋口英明裁判長ら三人の判事。地裁で大きな訴訟を扱うときは三人一組の「合議体」がつくられ、話し合いながら結論を出す。裁判長と、法廷では裁判長から見て右側に座る右陪席、そして左陪席だ。部屋の中央に寄せた木製の机を囲むように座り、裁判の検討に取りかかった。
福井地裁の裁判官はふつう、三年か四年ほどで次の任地へ異動する。原発の運転差し止め訴訟は判決まで五年以上かかるのが一般的だ。提訴は樋口さんの着任から七カ月後だったので、樋口さんは当初、自分が福井にいる間に判決を書くことはないだろうと思っていた。三・一一による原発事故を目の当たりにしながらも、樋口さんはどこかで「原発はそれなりには安全につくられているのでは」と思っていた。

一方で、樋口さんは「しかし……」と考えた。

「もし危険とわかったら再稼働する前に運転差し止めの判決を出さなければ」

そのころ原子力規制委員会は大飯原発について、三・一一後に設けた新しい規制基準を満たしているのかを審査していた。大飯原発の二基は二〇一三年九月から定期検査のため停止することになっていたが、検査で「合格」ならば、さほど間をおかずに再稼働する。規制委員会が「合格」を出したあとに裁判所が審理を進めていたら、稼働中の原発に対して「停止せよ」という判決になりかねない。遅くなってしまったら、住民を危険にさらすことを容認するようなメッセージを送ってしまう。

仮処分ならば「即時停止」の法的効力があるが、正式な裁判の判決にはただちに原発を止める効力はない。それでも樋口さんは、地裁の責任として果たすべき役割はまっとうしなければ、と考えたのだ。

「過去の裁判は調べないように」

樋口さんは審理を始めるに当たり、陪席の二人に「原発訴訟の過去の裁判例は調べないように」と指示した。この場合の「調べる」は、読み込む・研究するといった意味合いだ。

「はじめに裁判例を調べてしまうと、それに引きずられ、ポイントがずれてしまいかねません。だから陪席には『自分の頭で考えてください』と指示しました。そうすれば、この裁判の姿が見えてくるはずですから」

先例を参考にせず、自分の頭で一から大事なポイントを見極めることで、込み入った裁判の真の争点をあぶり出そうというのだ。ただ、「過去の裁判例は調べない」という方針は、じつは原発訴訟では異例のことである。それを理解してもらうには、少し背景説明が必要だ。

1952年生まれの樋口英明さん

複雑困難訴訟。

最高裁の司法研修所は、原発訴訟をそう呼ぶ。高度の専門技術を扱う訴訟という位置づけだ。原子力を使った発電の仕組みやプラントの構造、緊急時の対策……。地震のメカニズムがそれらとからみ合う。じつに多くの論点がある。

三・一一が起きるまで、この複雑な原発訴訟を担当する裁判官の大きなよりどころとなってきたのが「伊方原発訴訟」の最高裁判決だった。四国の西側に突き出た佐田岬半島にある伊方《いかた》原発をめぐる裁判である。その建設に反対する農民らが原告となり、一九七三年、原子炉の設置を認めた総理大臣を相手取る行政訴訟であり、最も初期に起こされた原発訴訟の一つだ。一審、二審とも原告が負け、九二年の最高裁判決で原告の負けが確定した。

判決のポイントをひとことで言えば、原発が安全なのか危険なのかを裁判所が直接判断する必要はないと受け取れる内容だった。それは次のような論法になっている。

原子力や工学、地震学などの専門家が高度の知見を持ち寄った国の規制基準。それにもとづいて原発はつくられたはず。それを担当省庁が審査して「合格」としたのであれば、規制基準が不合理なときや、よほど見逃すことのできない欠陥や見落としがない限り、裁判所としては「よし」とする。それは行政庁の裁量の範囲内であり、司法は行政に判断をゆだねてよい——。

つまり裁判官は、個々の原発が危険かどうかについて独自の判断に踏み込まなくてもすむのだ。

最高裁の判決というのは、地裁や高裁の判事にとって極めて重い意味を持っている。

実際、三・一一前の地裁と高裁では、原発が国の規制基準に合っているかどうかで判決を下している例が多い。その結果、わずか二つの例を別にして住民側は負け続けていた。

最高裁判決も永遠ではない

樋口さんは、伊方原発をめぐる最高裁判決の考え方を「伊方方式」と呼ぶ。それをどう見ていたのだろう。

「この最高裁判決は、原子力行政に対する世間一般の高い信頼を背景にしていました。ところが三・一一後、そのような背景は完全になくなりました。もし伊方方式を用いるとしても原子力行政に対して安易な信頼を寄せることなく、伊方判決も要求していた規制基準の合理性そのものについて、さらにきびしく吟味しなければなりません」。専門家の知見を集めた規制基準とはいっても、三・一一によってその信頼は大きく揺らいだではないか。基準そのものが理にかなっているかどうかも裁判官は疑うべきだ、と言っているのだ。

いったん伊方方式に寄りかかってしまうと、どうしてもその判決のキーワードである「看過し難い過誤・欠落」さえチェックすればいいと考え、裁判官は危険性そのものについて判断することに及び腰になってしまう。そうなると小さい不合理はもちろん、大きな不合理まで見落としてしまいがちになるという。

最高裁判決といえども永遠不変ではない——。樋口さんは淡々と話す。伊方最高裁判決は二〇年以上も前のものであり、時代に合ったものへと換骨奪胎しなければならないというのだ。「法というものは止まっていてはだめなんです。何が正しいのかを追求し、進歩していかなければ。これは正義の問題です。正義はあるべき姿へ移っていく。三・一一によって大きく移るはずなんですよ」

さきほど触れたように、最高裁の影響力はものすごく強い。伊方最高裁判決は、原発関連の訴訟というものが高度の専門技術性を帯びることを前提としている。そのこと自体が裁判官を及び腰にさせる、と樋口さん。裁判官のほとんどは理系出身ではなく、まして原発や地震に詳しいわけではないのだ。

「わたしに言わせると、地裁や高裁のほとんどの判事は『伊方方式』に洗脳されたのに近い状態になっています。原発訴訟は科学的知識がないと解けない問題と思っている。でも、本当に高度の専門技術訴訟でしょうか。別にそんなこと、最高裁が決めるべきものではありませんよ。自動車工学を知らなくても、交通事故の裁判は担当できるのと同じです。地震で原発に何が起きるかを判断するときに求められるのは、専門技術の知識よりもリアルな想像力です」

雑音には「聞こえなかったふり」

じつは、この裁判を担当することになったころ、あるところから樋口さんにこんな声が聞こえてきた。

「裁判官が専門技術について十分な知識をもっていないことはわかっているでしょうね」

直接的ではないが、「裁判官は素人なのだから、最高裁の判例にのっとった無難な判断をしなさい」という誘導とも圧力とも受け取れる言葉だった。しかし樋口さんは「聞こえなかったふり」をして、ごまかした。

過去の裁判例を読み込むことはせず、最高裁の判例からも距離を置く。外野からの雑音にも耳を傾けない。いわば虚心坦懐に、この裁判の本質を見抜こうとする作業が始まった。あの憲法第七六条の「すべて裁判官は、その良心に従い独立してその職権を行い、この憲法及び法律にのみ拘束される」という言葉通りに。

繰り返すが、樋口さんは初めから原発がそれほど「危険」と考えていたわけではない。むしろ、「それなりには安全につくられているのでは」というイメージをもっていた。

ところが、審理が始まるとすぐに、それが思い込みだったことに気づかされることになる。

第二節　核心——大地震は本当に来ないのか

福島のような危険性が「万が一」でもあるか

原告と被告の主張がおおむね出そろい、樋口さんは「この裁判の一番の争点は何だろう」と考えた。すぐに思い浮かべたのは福島第一原発事故だ。あのようにきわめて広い範囲を放射性物質で汚染させる過酷事故（シビアアクシデント）の危険性があるのかどうか。それに真正面から向き合うほかないと思った。

この基本方針はのちに、判決のなかで次のように掲げられることになる。樋口さんは「高校生でも読めるように判決を書いた」と言い、原発訴訟の判決としてはわかりやすい言葉でつづっている。しかも裁判官の覚悟が伝わってくるような、格調高い文章だ。

原子力発電技術の危険性の本質及びそのもたらす被害の大きさは、福島原発事故を通じて十分に明らかになったといえる。本件訴訟においては、本件原発において、かような事態を招く具体的危険性が万が一でもあるのかが判断の対象とされるべきであり、福島原発事故の後において、この判断を避けることは裁判所に課された最も重要な責務を放棄するに等しいものと考えられる。

ここに出てくる「具体的危険」という言葉は、それと対照的な「抽象的危険」と比べるとわかりやすい。

「原発に隕石《いんせき》が落ちてくるかもしれないとか、飛行機が衝突するかもしれないとか……そういうのは抽象的危険です。それに対して、日本でそれほど珍しくない強さの地震が原発の敷地で起きるかもしれないというのは具体的危険です。そのくらいの地震によって福島の原発事故と同じような過酷事故が起きるかどうか。そこがもっとも大事なんです。これを判断の中心に据えるのが一番素直です。それを中心に据えずに、何を据えるというのでしょうか。ほかの判決という先例を据えるべきではありません」

具体的な危険性が「万が一でもあるのか」という場合、あくまで福島のように広範囲におよぶ過酷事故を起こしてはならないという意味を含んでいる。いわゆるゼロリスクを求めているわけではない。原発施設内にとどまる被害は容認するからだ。つまり、日本でふつうに起こる強さの地震によって福島のような深刻な事故が起きるかどうかを見ていこうというわけだ。

民事部にある大型ロッカーは、すでに半分ほどがこの裁判の資料で埋まりつつあった。しかし原子力工学や地震学のこまかい理論まで読む必要はない。そもそも、それをすべて理解し尽くすことは、いくら優秀な裁判官でも人間としての能力を超える。樋口さんたちは「危険かどうか」を論じている部分を重点的に読み込むことにした。

電力会社も「強い地震には耐えられない」

そうした視点で原告と被告それぞれの主張を見ていた樋口さんは、あることに気がついた。てっきり、原告は『いまの耐震性では強い地震に耐えられない』と言い、被告は『いや、耐えられる』と反論するのだと思っていた。工学上のむずかしい議論も覚悟していた。ところが、そうではなかった。

どちらも「原発は強い地震に耐えられない」ということを前提に議論しているではないか。

「正直、驚きました。双方ともその点には争いがないんです」

では、両者は基本的に何を争っていたというのだろうか。

原告の住民らは、原発の敷地に強い地震が来るかもしれないと主張していた。被告の関西電力は、将来にわたって強い地震は来ないと主張している。ということは、要するに「地震予知ができるのか、できないのか」を議論しているということではないか――。

裁判官の大きな役割は、多岐にわたって複雑に入り組む論点を整理し、場合によっては当事者さえ気づいていないポイントを見つけることだ。

廃炉が決まった大飯原発１号機と２号機（手前の２基）。奥は存続する３、４号機

　地震予知とは、地震がどこで起きるか、いつ起きるか、どのくらいの規模になるのかを言い当てることである。「大地震が来る」と予知するのと「来ない」と言いきることは表裏の関係だ。

「関西電力の主張は、地震の予知はできると言っていることにほかならないのです」

裁判の核心部分を樋口さんは見つけた。すると、これは専門訴訟ではない。いわば「良識と理性」の問題だ。樋口さんはそう思った。原告も被告も、大飯原発が「規制基準に合っているかどうか」を中心に主張を組み立てていた。それを無視するかのように、樋口さんは主張を組み立て直すように指示した。

その場面を振り返り、「威張っているでしょう?」と樋口さんは笑う。「裁判長はそういうことを平然と言えるようでなければいけません。わたしは自信があったからできました」

勝敗を分けた証拠

樋口さんがそこに気づいたきっかけは何だったのか。少し詳しく見ていこう。

裁判の勝敗を分けた証拠がある。それは原告が突き付けたものではなく、被告の関西電力がみずから作成した資料のなかにあった。原発に負荷をかけていくストレステストについての書面である。原発の耐震性を確かめるために、想定する地震の規模を徐々に上げていくテスト。その結果を示す書面の、次のくだりに樋口さんの目が止まった。

「耐震裕度が一・八〇Ｓｓ以上または許容津波高さが一一・四ｍ以上の領域では、炉心にある燃料の重大な損傷を回避する手段がなくなるため、その境界線がクリフエッジとして特定された」

ここは専門用語が多いので説明を要する。

まず、Ｓｓというのは「基準地震動」。原発の耐震設計の基準として想定する地震の加速度のことだ。地震の大きさの指標としては震度やマグニチュードが一般的だが、原発の耐震設計では、ガリレオ・ガリレイの名から取った「ガル」という単位が用いられ、衝撃の強さを表す。たとえば車を思い切り急発進させたり、逆に急停車させたりすれば首が前後に揺さぶられ、けがをしかねない。大きな加速度というのはそういうイメージだ。そのように地震で原発に瞬間的に大きな加速度がかかると、設備が壊れるおそれがある。

すべての原発は、最大と想定する加速度を「基準」の地震動として、それに耐えられる設計ということになっている。当時、大飯原発を襲うかもしれないと想定されている基準地震動は七〇〇ガルだった。

関西電力の書面にある「耐震裕度一・八〇Ｓｓ」というのは基準とされる七〇〇ガルの一・八倍、つまり一二六〇ガルだ。関西電力にしてみれば、想定する基準の一・八倍まで耐える余裕があるから、よほどの地震でも大丈夫と言いたかったのかもしれない。

しかし裏返せば、もし一二六〇ガル以上の地震が大飯原発を襲えば、「炉心にある燃料の重大な損傷を回避する手段がなくなる」ということにほかならない。プラントの状況が急変する限界のレベルがクリフエッジ（がけっぷちの意）だ。

一二六〇ガルを超える地震は大飯原発に来るのか、来ないのか。つまり、そういう地震予知はできるのか——。そこが一番の問題ということがはっきりと浮かんだ。

「大地震は来ない」という予知は無理

「たとえばの話ですけど……」と、この点に関して樋口さんは気象学の話を始めた。

「気象学というのは、地震学の何万倍ものデータを持っています。地上からだけでなく宇宙からもつねに雲の動きが観察できるので、雲の動きや高さがわかります。雨のメカニズムはわかっているわけですから、この地方に一日当たり五〇〇ミリ以上の雨が降りそうだ、という予報はできます。それでも、今後の五〇年間の最高降雨量は何ミリにとどまる、というようなことを地域ごとに正確に予報できるわけではありません」

地震学が持っているデータはそれよりはるかに少ない。そもそも地震は地下深くで起きる現象だから、観測できることは限られている。

「ある岩盤に対してどういう方向から、どの程度の力がかかっていて、それがいつ耐えきれなくなって、どう岩盤が壊れるか。それがわかっていないと、いつ、どこに、どのくらいの規模の地震が来るという正確な『積極的地震予知』はできないわけです。我が国でそのような地震予知に成功したことは一度もありません。比較的に予知しやすいのではないかと言われていた東海地震も、最近になって予知できないという結論になりました。まして、この地域には何百ガル以上の地震は起きない、という『消極的地震予知』はできるはずがありません。無理です。まったく無理ですね」

判決当日の樋口英明裁判長（中央奥）＝2014年5月21日、福井地裁、代表撮影

被告の関西電力は、原発周辺の活断層の状況などから「七〇〇ガル以上の地震が来ることはまず考えられない」と主張していた。地震学の理論から導かれた数字である。

しかし樋口さんは、強い地震が来ることを言い当てる「積極的地震予知」よりも、将来にわたって強い地震は来ないという「消極的地震予知」のほうがはるかにむずかしいと断言する。それは俗に「悪魔の証明」と呼ばれるもので、「ない」ことを証明することはできないのだ。

「七〇〇ガル以上の地震は来ないと主張するのであれば、裁判官をそのように強く確信させてくれなければいけません。強い証明が必要です。しかし、これ以上の地震は来ないと上限を画す地震予知は危険です。『大地震が来るかもしれない』と予想して外れるのなら、世間を騒がせただけですむ。しかし、七〇〇ガル以上の地震に備える必要はない、というのはおそろしいことです」

結論から言えば、ここが住民勝訴のポイントとなった。もともとは原告さえ気づいていなかった裁判の核心である。そうした点に気づいたとき、裁判官としては「珠玉の真実」を見つけたような喜びがあると樋口さんは言う。判決では次のように書いた（傍線筆者。以下、［……］は省略を示す）。

我が国の地震学会においてこのような規模の地震の発生を一度も予知できていないことは公知の事実である。地震は地下深くで起こる現象であるから、その発生の機序の分析は仮説や推測に依拠せざるを得ないのであって、仮説の立論や検証も実験という手法がとれない以上過去のデータに頼らざるを得ない。

［……］

原子力規制委員会においても、一六個の地震を参考にして今後起こるであろう震源を特定せず策定する地震動の規模を推定しようとしていることが認められる。この数の少なさ自体が地震学における頼るべき資料の少なさを如実に示すものといえる。したがって、大飯原発には一二六〇ガルを超える地震は来ないとの確実な科学的根拠に基づく想定は本来的に不可能である。

決定的な地震「到来する危険がある」

樋口さんは、この「本来的に」という言葉に重い意味を込めたと明かす。原発の限界を超える地震は将来にわたって来ないと想定することは、根本的に不可能であると強調しているのだ。

判決はさらに、日本で記録された過去最大の地震動は、二〇〇八年に岩手・宮城内陸地震で記録した「四〇二二ガル」だったことを指摘し、次のような事実をたたみかける。

それは大飯でも発生する可能性があるとされる内陸地殻内地震。しかも、この地震が起きた東北地方と大飯原発のある北陸地方ないし近畿地方とでは地震の発生頻度に有意的な違いは認められない。若狭地方には、すでにわかっている活断層だけでも陸海を問わず多数存在する――。

樋口さんは、この過去最大というのは「有史以来」ということではなく近年で最大というものにすぎないとして、判決にこう書いた。

「一二六〇ガルを超える地震は大飯原発に到来する危険がある」

原発には、大地震が起きたときの三原則がある。「止める」「冷やす」「閉じ込める」。まずは、原子炉に制御棒を入れて核反応を止めなければならない。それができたとしても、電源を確保して水を循環させ、炉心を冷やし続ける必要がある。さらに、放射性物質を原子炉格納容器などのなかにとどめ、使用済み核燃料をプール内に閉じ込めなければならない。しかし判決は、一二六〇ガルを超える地震が大飯原発に来たら、冷却機能が失われ、炉心損傷を経てメルトダウンに至る危険性が極めて高いと結論づけた。

ここまでが「一二六〇ガル」を超える、決定的に危険な地震をめぐる議論である。樋口さんの心証は、すでに原告の住民側を勝たせる方へ傾いていた。

想定超える地震が五回も原発を襲う

ところで、「基準とされている七〇〇ガルを超えるけれども一二六〇ガルには至らない地震」ならば安全なのだろうか。

原告の勝ちだろうという樋口さんの心証が、確信に変わる瞬間があった。関西電力側は「そもそも、七〇〇ガルを超える地震が到来することはまず考えられない」と主張していたのだが、それに対して住民側が強力な証拠を出してきたのだ。全国で二〇カ所もない原発のうち四つの原発を、想定した地震動を超えるものが五回も襲っている――。しかも六年足らずの間に起きた事実だった。それは次の地震である。

①宮城県沖地震／女川《おながわ》原発／二〇〇五年
②能登半島地震／志賀《しか》原発／二〇〇七年
③新潟県中越沖地震／柏崎刈羽《かりわ》原発／二〇〇七年
④東北地方太平洋沖地震／福島第一原発／二〇一一年
⑤東北地方太平洋沖地震／女川原発／二〇一一年

このように各地の原発で想定を超える地震が現実に起きている。樋口さんはその事実を重く見た。それに対して、関西電力の「大飯原発に強い地震は来ない」という主張はあくまで理論上の計算がもとになっている。地震学では、地震の強さの予測方法にいくつもの説がある。この裁判ではそれをめぐる学術論争になりかけたので、樋口さんは「そんなことをしていたら、何年かかっても裁判は終わらない」と告げた。

仮説を耐震性の決定に用いるな

なにより、樋口さんには「不確かな学問領域のものを耐震基準に採り入れていいのか」という大きな疑問が膨らんでいた。そもそも学術論争は無用だった。

「ある程度以上の強い地震は来ないという『消極的地震予知』に依って、原発の耐震性を定めることはとてつもなく危険です。もちろん、被告にも一応の理屈はあるわけですよ。しかし、将来における最大の地震動を予想する数式は、一見、精緻そうに見えたところで仮説に過ぎません」

「仮説は学問の発展には不可欠かもしれませんが、それを原発の耐震性の決定に用いることは許されません。科学とは真実を探求する営みであって、何より重視すべきは事実です。耐震性を決めるにあたって重視すべきは『最新の仮説』ではなく、厳然たる事実に基づいて得られた、誰もが否定しようもない最新の科学的知見であるべきです」

こうして、原発設計の基準とされた地震の規模について次のような厳しい判断が示された。

上記三回（①、④、⑤）については我が国だけでなく世界中のプレート間地震の分析をしたにもかかわらず、プレート間地震の評価を誤ったということにほかならないし、残り二回の地震想定（②、③）もその時点において得ることができる限りの情報に基づき当時の最新の知見に基づく基準に従ってなされたにもかかわらず結論を誤ったものといえる。これらの事例はいずれも地震という自然の前における人間の能力の限界を示すものというしかない。

大飯原発もこれら四つの原発と同じように、過去の地震と周辺の活断層の分析にもとづいて地震の規模が想定されている。判決は「被告の本件原発（＝大飯原発）の地震想定だけが信頼に値するという根拠は見出せない」と切り捨てた。民事訴訟は、原告と被告が主張の異なる点をめぐって証拠の優劣を争う。被告である関西電力の証拠はあまりに弱かった。

樋口さんは安全対策についても双方に証拠を競わせた。

「わたしは原告に『こういう地震が来たらこうなる』と主張しなさいと指示しました。

被告に対しては『この段階でこういう手段を使って事故を食い止められる』という説明をしなさいと言いました。そのように訴訟を組み立て直しなさいと指揮し、『こういう証拠を出してください』『そこはいらないから主張しないでください』と求めたのです。双方にとって、かなりきつい要求だったかもしれませんね」

関西電力は七〇〇ガルを超える地震が来ても、対応策があると主張していた。しかし判決は、それが本当に有効であるためには、まず「地震や津波のもたらす事故原因につながる事象を余すことなくとりあげること」が必要とした。つまり、地震や津波の際に起こりうることをすべて想定する必要があるというのだ。実際には想定外のことが次々と重なりつつ発生する可能性があり、そのすべてをとりあげること自体がむずかしい。たとえば従業員が少なくなる夜間でも、地震は昼間と同じ確率で起こる。判決はそうした落とし穴をいくつも指摘し、一二六〇ガル未満の地震に対しても原発が弱いことを示した。

基準以下の地震でも「命綱」が危うい

それどころか、設計の基準としている七〇〇ガルに満たない地震でさえ、外部電源が絶たれ、冷却の「命綱」である主給水も同時に失われるおそれがあると指摘した。

関西電力は「主給水ポンプは安全上重要な設備ではないから基準地震動に対する耐震安全性の確認は行われていない」と述べている。これについて判決は、安全確保の上で不可欠な役割を第一次的に担う設備には「それにふさわしい耐震性を求めるのが健全な社会通念」と書いた。この裁判は専門技術をめぐる訴訟というより「良識と理性」の問題、という樋口さんの見方がここにも反映されている。

そうなると、そもそも七〇〇ガルという原発設計の「基準」に意味はあったのか怪しくなる。判決はいよいよ安全性の根幹にかかわる点にまで踏み込んだ。

日本語としての通常の用法に従えば、基準地震動というのはそれ以下の地震であれば、機能や安全が安定的に維持されるという意味に解される。基準地震動Ｓｓ未満の地震であっても重大な事故に直結する事態が生じ得るというのであれば、基準としての意味がなく、大飯原発に基準地震動である七〇〇ガル以上の地震が到来するのかしないのかという議論さえ意味の薄いものになる。

「規制基準の枠組みが、原発の敷地ごとに将来にわたる地震の最大の揺れを正確に予知できることを前提にしているとするなら、それだけで不合理です。原発を襲うと想定された基準地震動が仮に三〇〇〇〜四〇〇〇ガルのようなレベルで、それにもとづく設計でも危ないかどうかを争っているなら別ですよ。それなら、わたしも目をつぶろうかなと思うかもしれません。だけど、七〇〇ガルを基準にした設計なんて、ほとんどふざけた話です。許せるわけがありません。これを認めたら、わたしは単なる非常識な裁判官です。『こんな低いレベルで争っているの？』って、当初から思っていましたよ」

「現実的で切迫した危険」

ここまでをまとめた判決の小括（小さな締めくくり）に、樋口さんが「一番大事なところ」というくだりがある。次に引用したうちの傍線をつけた箇所である。

この地震大国日本において、基準地震動を超える地震が大飯原発に到来しないというのは根拠のない楽観的見通しにしかすぎない上、基準地震動に満たない地震によっても冷却機能喪失による重大な事故が生じ得るというのであれば、そこでの危険は、万が一の危険という領域をはるかに超える現実的で切迫した危険と評価できる。このような施設のあり方は原子力発電所が有する前記の本質的な危険性についてあまりにも楽観的といわざるを得ない。

この裁判では、あの東京電力福島第一原発のような取り返しのつかない事故が「万が一」でも起きる可能性があるかどうかが検討された。その結論は「万が一」どころではなかった。「万が一の危険という領域をはるかに超える現実的で切迫した危険」が浮き彫りになったのである。

最高裁の判例にもたれかかることなく、大飯原発の「生《なま》の危険性」そのものについて検討していく審理だった。しかし、原発は国策だ。電力会社が被告ではあるが、その背後には国がある。最高裁の存在もふつうの裁判官は気になるはずだ。樋口さんにあえて問うた。退任まであと数年だったから思い切った判決が書けたという面はないのか、と。

「いいえ」と樋口さんは答える。「もっと若いときに担当しても結論は同じでした。迷いはありません」

住民側勝訴の判決を喜ぶ人たち

第三節　憂い——即時停止するしかない

住民が提訴してから判決まで、わずか一年半。ふつうは五年以上かかる原発差し止めの訴訟としては異例の早さである。樋口さんは、大飯原発がいつ再稼働するのかを気にしながら裁判を進めていた。原告にも被告にも「再稼働はいつになりそうなのか」と何度も尋ねた。時間との闘いだった。「再稼働する前に判決を」という樋口さんの考えは大胆な訴訟指揮に表れた。

「原告の代理人は『まとめの準備書面も出していないのに結審してもらっては困る』と言いました。そこで、わたしは『大飯原発がまだあと一年動かないという保証があるのなら、あなたが言うようにゆっくりやりますよ。でも、そんな保証ができますか？』と答えました。わたしの訴訟指揮を見て、原告も被告もすごく不安を感じたと思いますよ。パッパパッパッと進めていきますからね。およそ謙虚さとは真逆です。だけど裁判官は、時としてそういうふうに振る舞わないといけないんですよ」

原発の「耐震偽装」

樋口さんは判決を書きながら、これが三・一一後の裁判の流れをつくるきっかけとなり、大飯原発だけではなく、ほかの原発も止まってほしいという気持ちになっていた。

小船で太平洋をゆくようなもの

樋口さんは三重県の一軒家に住んでいる。それを建てた住宅メーカーは「三四〇〇ガルの地震に耐えられる」と明言している。ほかの大手メーカーのなかには五一一五ガルを想定した住宅もある。日本で観測された最大の地震動が二〇〇八年の岩手・宮城内陸地震での四〇二二ガルだったことを踏まえて、各メーカーは競うように耐震性を高める努力をしている。

それに比べて、原発の地下で想定されている基準地震動は、ほとんどが一〇〇〇ガル以下**（47ページの表1／注）**。この裁判の大飯原発は建設時が四〇五ガルで、一般住宅より一桁少ない数だ。判決時には七〇〇ガル、その後に引き上げられたが、それでも八五六ガルにとどまっている。

もっとも高めを想定しているのは新潟県にある柏崎刈羽原発一〜四号機。建設時はわずか四五〇ガルを想定していたが、中越沖地震で最大一六九九ガルの地震動に襲われた。そのため基準地震動を二三〇〇ガルに引き上げた経緯がある。

そのように、建設時から三・一一を経て、各原発の基準地震動は少しずつ引き上げられている。だが、これについて樋口さんは「抜本的な耐震工事をせずに、数の上だけ基準を引き上げている。これはいわば耐震偽装ですよ」と語る。

大飯原発訴訟の原告は、「危険だから運転を止めてくれ」と言っていたのであって、原発廃止が目的で裁判を起こしたわけではない。「原発を動かすのであれば、少なくとも日本で最大の観測値である四〇二二ガルを想定すべきだ」と主張していたのである。

このインタビューは朝日新聞名古屋本社でおこなった。樋口さんは窓の外に目をやりながら、こう言った。

「原発の耐震性は、このビルやここから見えるどのビルよりも弱いと思いますよ。大飯原発は過去に我が国を襲った地震の強さに照らしても貧弱そのもの。これほど低い基準でもよいと正当化する唯一の根拠が、想定以上の地震は来ないという『消極的地震予知』なのですよ。極めて非科学的です。そういう目で見ると、たくさんの欠陥が見つかりました。だから、確信を持って『大飯原発を運転してはならない』という判決を書くことができました」

樋口さんは、原発はきわめて危険と考え、我が国の先行きに不安を抱くようになった。この裁判を担当する前は「原発はそれなりに安全につくられているのだろう」と思って

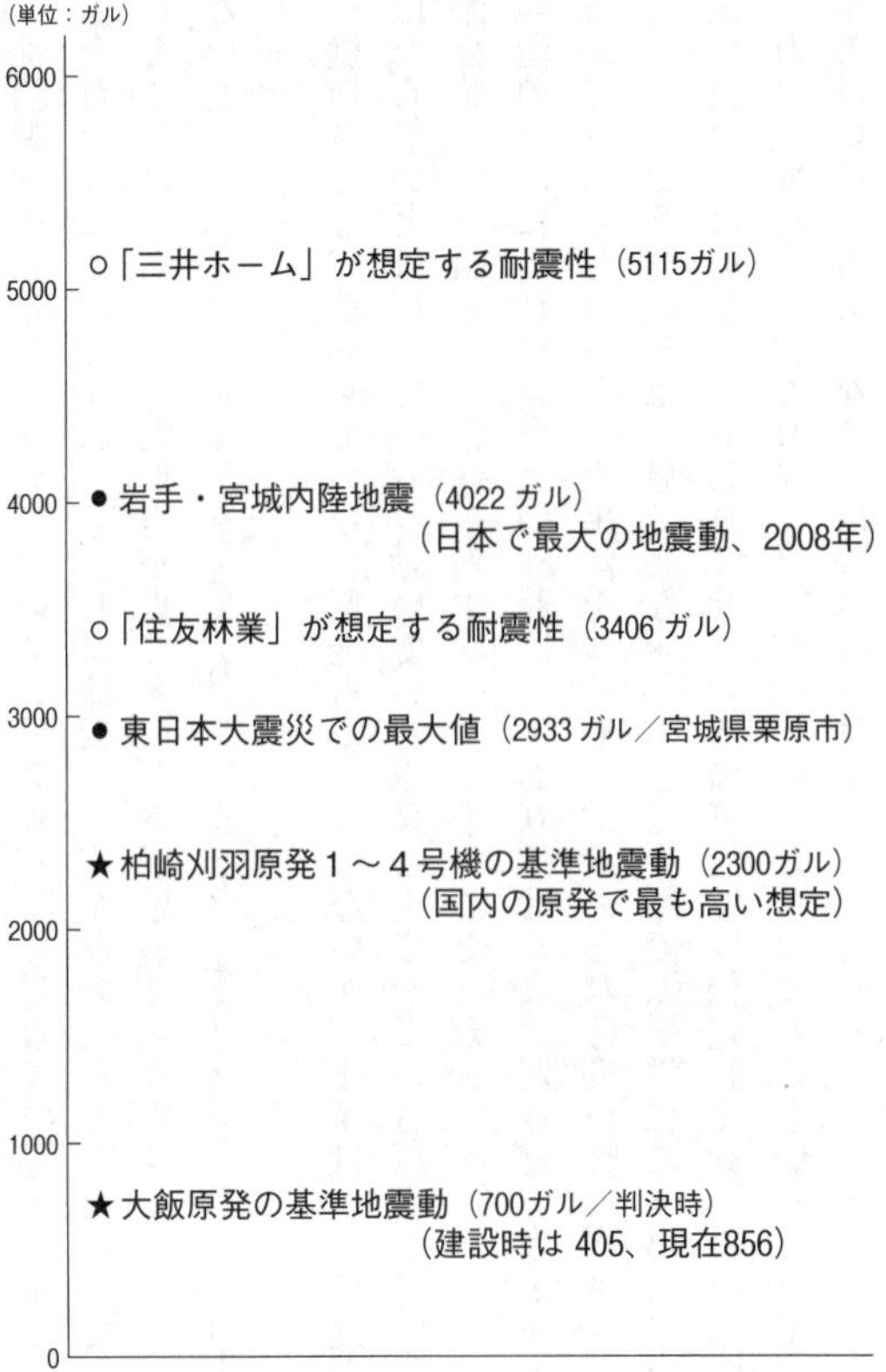

表1

〈注〉 ○と●は地表面、★は地下。基準地震動は、原発直下の柔らかい地盤とより固い岩盤の境の「解放基盤表面」での地震動を想定している。解放基盤はS波の速度が秒速0.7キロ相当以上となる硬質の地盤。その上の柔らかい地盤の形などによって、地表面に伝わる地震動は大きくも小さくもなる。

いたことからすれば、大きな変化である。

「世論調査を見ると、原発について『即時廃止』ではなく『徐々に廃止』を支持する人もそれなりに多いですね。しかし『比較的、安全なのだろう』と思って稼働を許しているところに、あした、大地震が来てもなんら不思議はありません。七〇〇ガルかもしれないし、三〇〇〇ガル級の地震かもしれません。そうなったとき、日本はどうなるか……」

樋口さんは、稼働していない原発も安全ではないが、まずはすぐに運転を止めなければならないと確信している。動いている原発と止まっている原発の違いについて「太平洋を航行する船と湾内を行き来する小さな船」にたとえる。

「港のなかにいれば安全というわけじゃありませんよ。だけど、太平洋上の船より、はるかに安全でしょう？　太平洋をゆく船は、求められる安全性の高さが違います。しかし日本の原発の現状は、嵐は来ないと信じて小船で太平洋にこぎ出しているのに等しい。しかし運が良ければ助かるかもしれません。その可能性は否定しませんよ。しかし、そうでなければ大変なことになります。我が国の存立が危なくなるということです。一国を賭け事の対象にするようなことは許されるはずがありません」

福島第一原発の事故が「最悪」と思っている人がいるかもしれないがそうではない、

とも語る。

「あのとき、四号機の使用済み核燃料が助かったのは偶然と言えます。すなわち、当時、四号機の使用済み核燃料貯蔵プールには大量の使用済み核燃料が保管されていましたが、プールの水が蒸発して放射性物質が大量に放出されることになると、東京都のほぼ全域と横浜市の一部は、住民が移転を希望する場合に認めるべき地域になるおそれがあったのです。しかし、工事の遅れによって隣接するプールに水があり、また両方のプールを隔てる壁がなぜかずれたため、使用済み核燃料貯蔵プールに水が流れ込みました。それによって放射性物質の大量放出には至りませんでした。このような天の配剤とも言うべき幸運があったのです」

「放射性物質の多くは風で東の海上に流れましたが、もし風が南の方へ向き、東京で雨が降ったら首都壊滅です。驚くべき偶然が今後、そう重なるとは思えません。国が滅びる可能性があるわけです。本当にそうなったとき、世界は日本をどう思うでしょうか。福島の事故があったのに、次の大地震で原発がやられたら笑いものになりますよ」

「国富」とは豊かな国土に根を下ろした生活

判決のしめくくり近くには次のようなくだりがある。判決の原案を書くのは、地裁では左陪席であることが多い。しかし、この裁判に関しては樋口さんみずから、かなりの部分を書いている。「国富」とは何かを論じる文章からは、樋口さんの肉声が聞こえてきそうだ。

被告の主張においても、本件原発の稼動停止による不都合は電力供給の安定性、コストの問題にとどまっている。このコストの問題に関連して国富の流出や喪失の議論があるが、たとえ本件原発の運転停止によって多額の貿易赤字が出るとしても、これを国富の流出や喪失というべきではなく、豊かな国土とそこに国民が根を下ろして生活していることが国富であり、これを取り戻すことができなくなることが国富の喪失であると当裁判所は考えている。

豊かな国土とそこに国民が根を下ろして生活していることが国富――。

「これを書かせたのは、自分で言うのもなんですが『愛国心』だと思っています。判決当時、わたしはネット上で『左翼裁判官』などと批判されましたが、まったく的外れです。わたしは革新的な考えなんて全然持っていませんよ。むしろ保守的なものの考え方をする人間だと、自分では思っています。国の裁量はかなり重視する立場の裁判官でした。しかし、そんなわたしから見ても原発は許せません。原発は国の裁量の幅を超えてますよ。とっても危険です。裁量の問題じゃないんです。本当の保守は原発に反対するべきです」

しかし三・一一を経験しても、政府はむしろ原発推進を打ち出している。政府は二〇一八年七月、「第五次エネルギー基本計画」を閣議決定した。そこには二〇三〇年度の電源構成に占める原発の割合を「二〇～二二%」にするという目標が盛り込まれている。それを達成するには三〇基ほどを再稼働する必要がある。

裁判所が行政に口出ししてもよいのか、という批判もある。国民の間で広く議論されたことを背景とした立法や行政による政治判断にゆだねるべきではないか、というわけだ。しかし、樋口さんは「原発に関しては、司法が介入しなければならないほど危険です」と断言する。

「行政が原発の危険性を顧みずに運転を認めるのは、裁量権の範囲をはるかに逸脱しています。そういう場合、司法が介入することもやむを得ません。裁判を起こした住民らは、大飯原発に内在的危険があるのに耐震性が弱すぎると言っている。それが地震によって顕在化するので原発を止めてくれと主張している。まさに司法の本来の役割を求めているわけです」

くつがえされた判決

三・一一後の原発訴訟の流れをつくりたいという意識で書かれた樋口さんたちの判決。ところが、二〇一八年七月、控訴審でくつがえされる。

名古屋高裁金沢支部は「危険性は社会通念上無視しうる程度」と述べ、樋口さんたちが書いた一審判決を取り消したのだ。

「わたしたちが判決で指摘した点について、もし高裁が具体的に反論し、こんなに安全だったのだと納得させてくれるのなら、たとえ逆転判決であってもむしろ歓迎します。しかし控訴審判決は『新規制基準に適合しているから心配ない』というものです。まったく中身がありません。わたしは、原発は極めて危険と考えていますが、このような判決を見ると不安は募るばかりです」

たしかに高裁判決には奇妙な点がある。

というのも、電力会社も手の打ちようがなく、メルトダウンが避けがたい地震が来る可能性があると認めているのだ。ぎりぎりの限界値である一二六〇ガルを超える地震動について「将来的に来ないとの確実な想定は本来的に不可能であることも、原判決（＝地裁判決）の指摘するとおりである」と述べている。樋口さんが「重みがある」と言った、あの「本来的」という言葉も用いている。「原理的に」とか「根本的に」というのと同じ意味だ。

高裁判決はそこまで言っておきながら、三・一一前に逆戻りしたような判断をする。あの伊方原発をめぐる最高裁の判例に沿ったかのように、原子力規制委員会が定めた新規制基準について「各分野の専門家が参加し、最新の科学的・専門技術的知見を反映して制定されている」としたうえで、「策定された基準地震動は、最新の科学的・専門技術的見地からして、本件発電所に来襲する地震動の想定として合理的な内容」と書いた。

地震予知は本来的に不可能といいつつ、一方で、原子力規制委員会が採る地震予知の考え方は合理的というのである。樋口さんはこれを「矛盾」と指摘する。

「もし、限界値を超える地震が来て、過酷事故が起きたら、この高裁判決を出した裁判官たちにはどういう弁解の余地があるでしょう？　ここまで自分を追い詰めてまで、いったい彼らは何を守りたかったのでしょうか」

地裁から家裁への異動

この高裁判決に先立つ二〇一五年、樋口さんに対して名古屋家裁への異動が四月一日付で発令された。地裁から家裁へ――。ネット上では「あんな判決を出したから左遷さ

取材に応じる樋口英明さん

れたのではないか」といった憶測が飛び交った。

しかし本人はそうではないと否定する。

「それはまったくの間違いです。予想した範囲内の人事でした。こう言うと、つまらないでしょう？　わたしがあのような判決を出したから左遷されたという話のほうがわかりやすくて、おもしろいですよね。ただ、裁判官の世界では、忙しい場所が花形職場なんです。昔と違って、いまの家裁は非常に忙しい。たとえば以前は、離婚の多くは調停での話し合いで成立したものですけど、いまの人は法的判断を求める傾向がありますからね。一番難しいのは子どもの親権を父親と母親のどちらにするか。このほうが原発訴訟より難しい。すごく悩みました」

家裁への異動が内示されたとき、まだ原発問題から離れていたわけではなかった。もう一つ、別の原発をめぐる事件を抱えていた。

大飯原発から西へ約一五キロしか離れていない、関西電力高浜原発三、四号機の運転差し止めの仮処分申請である。その審尋の最中だったのだ。地元住民らは前年の一二月、再稼働に向けた原子力規制委員会の審査が進む原発を止めてほしいと求め、仮処分を申し立てていた。仮処分というのはただちに効力が生じるため、これが決定すれば二基は当面、再稼働できなくなる。

「異動前に自分で決定を出したい」。樋口さんはそう考えた。すでに「三、四号機の原子炉を運転してはならない」という主文を書くことは決めている。基本的な論理構成は、大飯原発の判決と同じだった。

これに対して関西電力は、樋口さんを含む三人について裁判官忌避の申し立てをした。原告住民の勝訴判決を出した、あの裁判長らを担当から外してくれというわけだ。結局これは却下されたが、こうしたこともあって仮処分の決定は四月一四日にずれ込む。名古屋家裁へ異動したあと、「職務代行」で決定を出すことができた。

「わたしから職務代行を申し出たところ、名古屋高裁は即ＯＫしてくれました。わたしがどのような決定をするのかはわかったうえで、職務代行を許可してくれたのです。これを見れば『裁判所は最高裁を頂点とした一枚岩で政権に迎合している』という単純な図式は間違いだとわかります」

そして付け加えた。「そうではなくて、もっと複雑な問題だと思います」

異議審に三人のエリート裁判官

　この高浜原発の運転差し止めの決定を不服として、関西電力は異議を申し立てた。ところが、この異議審を担当した裁判官は三人とも、最高裁事務総局付きを経験したエリート裁判官だった。異議審とは、文字通り、異議の申し立てを受けておこなわれる審理のこと。事務総局というのはいわば最高裁の「奥の院」で、人事や予算といった司法行政の実権を握る組織だ。これについて樋口さんは次のように話す。

「三人までは偶然ということで説明できますが、三人とも事務総局経験者というのは珍しい。それでも『あの決定をひっくり返してこい』といった密命を帯びていたわけではないでしょう。ただ、何らかの示唆を受けて赴任した可能性はあると思います。『決定の影響力はわかっているだろうね』とか『きみは伊方原発の最高裁判決を勉強しているか?』といった、そういう示唆がないとは言えないですね」

　樋口さんは二〇一七年夏、定年で退官した。大飯原発をめぐる裁判について沈黙を守っていたが、翌年夏に控訴審で一審判決が取り消されたのを見て、意見を述べようと決めた。朝日新聞記者のインタビューに応じたのには、そうした経緯がある。

　樋口さんは、司法試験を受ける際には弁護士を目指していた。自由な職業というイメージだった。しかし試験に合格し、司法修習生となったときに裁判官の仕事ぶりを見て、弁護士以上に自由に仕事ができるんだな、と感じた。

「弁護士は依頼者の意向に従わなければいけません。そういう意味での制限があります。それに対して裁判官は、自分の信念で仕事ができる数少ない職業です。わたしは三四年間、自由に仕事ができた実感があります」

福岡地裁の判事補に始まり、静岡、宮崎、和歌山などで勤務。大阪高裁判事や名古屋地家裁半田支部長を経て、福井に赴任した。裁判所のなかでも部によって雰囲気がまったく違う。裁判長の個性によって、自由にものが言える部とそうでない部があり、「隣の部はつらそうだな」と思っていたこともある。しかし、自分が過ごした部はすべて自由に議論をすることができたという。

「人生の九〇%」を裁判官の仕事に捧げたと語る樋口さんは、司法に対する希望は持ち続けている。

「若い裁判官には『独立の気概をもて』と言いたい。先例に依拠しておけば間違いないという誘惑に流されてほしくないですね。気概のある裁判官はこれからもまだまだ出てくるはずだ、と信じています」

《三・一一前》

第二章　「真冬なのに体中から汗が噴き出した」

北陸電力・志賀《しか》原発二号機訴訟　一審裁判長

（金沢地裁／二〇〇六年／原告勝訴）

井戸《いど》謙一《けんいち》さんの証言

動き出したばかりの原発を止めよ

夜。

金沢地裁に単身赴任していた井戸謙一さんは、布団にもぐり込んだあともなかなか寝付けないことが幾度もあった。二〇〇六年一月から二月にかけてのことである。すでに主任裁判官から判決の原案を受け取り、裁判長として孤独な詰めの作業にとりかかっていた。

井戸さんが担当していたのは、石川県の志賀原発をめぐる民事訴訟だ。周辺住民をはじめ一六都府県の計一三〇人以上が北陸電力を相手取り、原発の運転停止を求めていた。判決言い渡しは約二カ月後に迫っている。井戸さんにはもう、次のような主文になることだけは見えていた。

被告は、平成一一年四月一四日付通商産業大臣許可に係る志賀原子力発電所二号原子炉を運転してはならない。

志賀原発二号機が試験運転を経て、営業運転をスタートさせるのは三月一五日の予定だ。中央制御室で稼働ボタンが押され、祝典がおこなわれる。そのようすをメディアが報じるだろう。判決を言い渡すのは、そのわずか九日後なのだ。

本格的に動き出したばかりの原発を止めよ――。この判決を機に電力会社は、はかりしれない経済的損害をこうむることになる。供給に余裕があるので関西電力と中部電力にも電力を融通するのだが、そうした計画も変更を強いられる。さらには、各地の原発訴訟やこれからの原発建設に与える影響も大きい。そうしたことを考えていると、電灯を消したあとの闇のなかで、重圧が押し寄せてくるのだった。

「真冬なのに体中から汗が噴き出すこともありました。全体の論理構成をどうするべきか、説得力を持たせることができるのか。結論は決めていたのですが、まだ完全に『よし！』とは言えない点が残っていた段階です。これを批判的に読む人であっても『自分とは考えが違うけど、これはこれでひとつの理屈として成り立っているね』と言ってくれる文章を書かなければいけない。そう思っていたんです。『結論はおかしいし、論理そのものが破綻《はたん》している』と言われるような判決ではいけませんから」

住民らが提訴したのは一九九九年八月。二号機の建設が着工された直後であり、初めは建設の差し止めを求める訴訟だった。それが裁判の途中に完成したので、運転差し止め訴訟に変更された経緯がある。井戸さんが金沢に着任したときには、提訴からすでに三年が過ぎていた。前任者が残した書類を読みながら、自分が金沢にいるあいだに判決にこぎつけたいと考えた。

井戸さんはほかにも、地元銀行の頭取に対する損害賠償請求訴訟や医療過誤訴訟など大きな事件を抱えていた。そのなかで志賀原発訴訟のゆくえは、とくに全国的に注目されていた。

原発訴訟で提出される証拠はとてつもなく多い。この裁判でも、原告の住民らから出された書証「甲号証」の数だけで千を超えた。事件の記録は何十冊にもなり、ロッカーはいっぱいになった。原告と被告の双方から出された資料を読み込み、原子力発電の仕組みの基礎から理解していった。

立証責任は最後まで電力会社に

民事訴訟では基本的に、訴えを起こした原告側に立証責任がある。しかし、原発訴訟では、訴えられた電力会社側が重要な資料のほとんどを持っている。このように、あまりに手元の証拠が偏っている場合は、立証責任を被告側に負わせることがある。被告側が持つ重要な証拠をオープンにし、どちらの言い分に理があるのかを調べようとするのだ。

住民らは「許容限度を超える放射線被曝の具体的危険」があると主張していた。これに対して電力会社が「危険性はない」と言うのなら具体的な根拠を示すよう、井戸さんは求めた。必要な資料を出して反証を尽くさないときには「具体的危険」があると推認すべきだと考えた。

「判決を書くうえでは、もちろん、ほかのさまざまな原発訴訟の判決を参考にしようとしました。それらを読むと、たしかに『まず被告側が安全性を立証しなさい』となっている。ですが、中身をよく見ると、国の指針に沿って原発がつくられていることさえ立証すれば、それで被告側は立証責任を尽くしたことになっている例が多いのです。原告側がそれでもなお、危険があると言うのであれば、今度はまた原告が自分で立証することを求めている。いわば『立証責任の再転換』のようなことが事実上、おこなわれているんです。それを見て、わたしは羊頭狗肉だと思ったんですよ」

ほとんどすべての重要な資料を持つ電力会社。ごく限られた証拠しか手に入れることのできない住民ら。審理の「公平性」を徹底させたことが、この裁判の特徴のひとつだ。

「原告側がそれなりの根拠にもとづいて、ちゃんと主張・立証し、『なるほど、原告の言うことにも一理あるな』というレベルに達しているとします。すると、被告のほうが『それでも安全だ』ということを主張・立証し尽くさねばなりません。被告の電力会社は、そもそも原発という大変危険な施設を抱えているのに『安全に運転できます』と言う。ならば、最後まで被告側に立証させるのが公平だと思いました」

それができないのであれば、原発に危険があるということを推認すべきなのは明らかだ。これが裁判を進めるうえでの枠組みとなった。

「無難な結論」への誘惑

この裁判にはいくつかの争点があった。炉心を囲むように配置されている円筒状の機器「シュラウド」の応力腐食割れという現象の危険性から、この「改良型沸騰水型」というタイプの原子炉そのものが抱える弱さまで含まれていた。井戸さんには、これらについての住民ら原告の主張にはあまり説得力があるようには思えなかった。

しかし、耐震性の問題だけは別だった。

直下型の地震について、原告の主張はこういうことだ。断層が確認されていないところで、マグニチュード（M）七を超える巨大地震が起きた例はいくらでもある。また、巨大地震が発生したあとも活断層が確認できない例もある。原発を設計するうえでの国の指針が、最大でM六・五の直下型地震を想定していることには合理的な理由がない――。

これに対して、被告の北陸電力は「国の指針に沿って、念には念を入れた耐震設計だ。安全性にはゆとりがある」という趣旨の反論をした。

「原告が『耐震設計審査指針そのものが古すぎてだめだ』と主張・立証しているわけで

す。当然、裁判所としてもそれに正面から応じて、指針そのものを一から検討しなければと思いました。『国がこう言っているんだから、指針はこれでいいんだ』なんてことは認められません」

こうして、耐震性の問題に重点を絞って判決を書く方針が浮かんできた。ところが、ロジックを組み立てるうえで参考になる前例がない。国の耐震指針に疑問を投げかけた判決がないのだ。当時、住民側勝訴の唯一の例としては「もんじゅ訴訟」の二審判決(86ページ参照)があった。しかし、そこでの勝訴につながった大きな争点はどれも地震に関係しないことだった。

この裁判では、権威ある学者たちが、被告側の証人として実際に法廷に立ったわけではない。だが、国の安全審査基準は各分野の第一人者の意見にもとづいてつくられている。ということは、被告である電力会社の後ろに原発を推進する国が控えているのと同じ。そういう構図になっていることは、井戸さんも意識していた。

「たくさんの学者の方がつくっておられる耐震指針が不十分だと、しろうとの裁判官が判断するわけです。大変なプレッシャーではありますね」

もちろん井戸さんは、その事実が判決に何らかの影響を与えるとは思っていない。住民らが主張するような事故が起こって、規制値を超えるような被曝をする「具体的危険」があるのかどうか。それを判断するだけなのだ。

「訴訟における主張・立証だけで判断する。結論として住民らの主張が認められるとすれば、たとえ国策に反していても国を負かす判決を下す。それが裁判官の仕事です。社会的なリアクションは大きいかもしれないけど、そういうふうに仕事をしたいというのが自分の信条と思っていましたから」

とはいえ、住民ら原告に協力する専門家はごく限られていた。原告側から申請があった証人は、すべてがいわゆる市民活動家だった。

「原告の主張のなかには『これはちょっと言いがかりみたいなものだ』という点もありました。しかし『なるほどこれは採用できる』というのもある。根拠として弱いものを取り除き、これだけは採用できるという根拠がどれくらいあるのかと整理していったんです」

そんなとき、裁判官の前にはある「誘惑」がひそんでいるようだ。

「一般論で言えば、どうしても自分で決断ができないときに、国の指針をつくるような『立派な肩書』のある人たちの見解に沿ったほうが無難かな、という心理が働く可能性があります。専門家の言っていることを間違いだと判断するのは勇気が必要かもしれません。立派な肩書の方々に賛同しておいたほうが、あとで『あれは間違いだった』となっても、あまり非難を受けないんじゃないか。そういう心理状態になることもありうると思います。それが『無難』の意味合いなんです。現実問題として、これはひとつの逃げだと思うんですけど、そういう方向に進んだほうが無難かなという心理に傾くことはあるのではないでしょうか」

井戸さん自身は「無難な結論」への誘惑にかられたことはないのだろうか。そう尋ねると、「どうなんでしょうね。あったかもしれない」と打ち明けた。

「結論は最終的に三人で合議して決めるんですが、事前に自分なりの考えをまとめなければなりません。その過程において迷っていた時期もありますから、そういうことも心によぎったのではないかと思います。住民ら原告の言っていることが正しいという結論を考えてはいても、自分なりの確信が十分持てないとか、あるいは、まだ十分に説得力のある理屈にはなっていないというときには、やはり逆のほうが無難な結論だという発想にはなりますからね。原告の主張を整理しつつ、自分でも論理の構成を考えて『よしっ』という確信が持てるまで、ずっと悩みました。その過程で、無難な結論への誘惑もあったのではないかと思います」

「安全だ」と声高な電力会社

二〇〇〇年の鳥取県西部地震は、活断層のない場所でM七・三の大きさだった。活断層というのは、過去に活動して将来もずれを起こす可能性のある断層のことだ。しかし、それだけではまだ弱い。判決を出す前年の二〇〇五年春の段階では、井戸さんらはまだ、どちらを勝たせればよいのか迷っていた。

そんなとき、偶然とも言えるタイミングで二つの重要なことが明らかになる。ひとつは、原発近くを走る「邑知潟《おうちがた》断層帯」についての新しい知見だった。

この断層帯には五つの活断層がある。ひとつずつの長さはせいぜい数キロだが、全体では計四四キロにわたる。被告は独自の調査で、断層は別々にしか動かないから、考えるべき地震の規模はM六・六と主張した。

ところが、この断層帯がまとまって一度に動いた場合にはM七・六の地震が想定されるという解析結果が、三月に明らかになった。阪神・淡路大震災を機につくられた地震調査委員会という政府の組織が各地の活断層帯の危険度評価をし、邑知潟断層帯についても結果を公表したのだ。ひとつひとつの「断層」を評価したのではなく、まとまった「断層帯」として動くとの見方だった。それによる大地震が三〇年以内に起きる確率は

1954年生まれ。神戸や甲府などを経て、2002～06年に金沢地裁・家裁部総括判事。11年に依願退官。現在は滋賀県内で弁護士

二％と見積もっている。のちに判決は「被告の耐震設計の方法が妥当であることを前提としても、被告は評価すべき地震を評価していない」と述べることになる。北陸電力側には、M七・六の地震の想定が抜け落ちているという指摘だ。

「本当はどちらが正しいかはわかりません。ひょっとしたら北陸電力のほうが正しいのかもしれない。ただ……」と、井戸さんは語る。

「原発のような危険な施設を扱っている電力会社としては、多くの地震学者が集まって調査した結果、M七・六の地震がありうると言うのであれば『念のためにそれを前提とした耐震設計をしましょう』という謙虚な姿勢になって当然だと思うんです。ところが、政府の地震調査委員会の分析のほうが間違っている、自分たちが正しい、と主張する。甘い想定で『安全だ、安全だ』と声高に言っても、裁判官はそれに乗るわけにはいきません。そのこと自体が、電力会社の姿勢としていかがなも

のかと思いました」

もうひとつは、それから間もない八月に起きた宮城県沖地震である。東北電力の発表によると、宮城県にある女川原発で測定された地震の揺れの強さは八八八ガルだった。「ガル」は揺れの勢いを示す加速度の単位。この八八八ガルは、基準地震動を二〇〇ガル以上も超えている。志賀原発訴訟で住民ら原告は、そもそも国が採用している地震動の測定法は古くて不備があると主張しており、それを裏付けるかたちとなった。

裁判は、もともとの予定では翌九月にすべての弁論を終えて結審するはずだった。しかし井戸さんは「十分議論をしたいので」と、もう一度、弁論の期日を入れると宣言した。

この審理の延長には重大な理由があった。

M七・六の大地震が起きる可能性と、宮城県沖地震で起きた想定以上の揺れ。この二つは被告にとても不利な主張・証拠であり、判決の結論を決定づける大きな柱になると、井戸さんは思った。そのため「被告にきちんと反証をさせないと、公平性を欠く」として、最後のチャンスを与えようと考えたのだ。それでも北陸電力は「国の指針のとおりやってるんだからどこが問題なのか」という姿勢のように、井戸さんには映った。

どちらを勝たせるべきか、ずっと迷ってきた井戸さん。ここに至って、原告の勝訴という結論は固まった。

「最後は、結論はこれしかないとの確信があったので気持ちは落ち着いていました。たとえ少数者の言い分にすぎなくても、主張に合理性があると思ったら認めなければいけません。原告が主張するような事故が起き、被曝という具体的な危険があるかどうか。その主張を判断するだけです」

ただ、当時を振り返れば、東日本大震災は経験しておらず、国民は全体として原発を受け入れていた。いわゆる安全神話にひたって、危機感が広く共有されていたわけではない。

「そのなかで裁判官が『原発は危険だから止めろ』と判断するのは、一般的にはかなり勇気が必要かもしれません。裁判官の判断自体も、国民の意識を反映する部分があるのです。裁判官も世論からまったく自由な存在というわけではなく、国民的な世論に影響される面は否めません。だからと言って、裁判官が国民の意識の後追いをしているようでは、裁判官の存在意義がないのですけどね。多くの裁判官は、まじめに仕事をしていますよ。しかし、慎重な人が多いのも事実だと思います」

「メルトダウン」に踏み込む

判決ができあがったのは言い渡しの約二週間ほど前だった。自信を持てる内容に仕上がったので、判決前日もちゃんと眠ることができた。

法廷で井戸さんが「被告は志賀原発二号機を運転してはならない」との主文を読み上げると、傍聴席から一斉に「えっ」という声が漏れた。次の瞬間、拍手がわき起こる。一方で、被告の北陸電力の代理人たちは苦虫をかみつぶしたような顔をしていた。

判決は原発の直下で起こりうる地震について、まず次のように認めた。

直下型地震と呼ばれる陸のプレート内型地震のほとんど全ては、過去の震源断層面が再び破壊されて発生するものであるが、地震によって生ずる地震断層面は、必ずしも地表に到達するとは限らない。

これに続けて、断層面が地表に達しても一部だけであったり、断層の一部または全部が風化などによって簡単には確認できなかったりということもあると指摘した。つまり、確認できた活断層だけから、その原因となった地震の規模を推定しようとする旧来の方法には限界があり、地震の規模を過小評価してしまう危険があるというのだ。判決では

志賀原発訴訟の勝訴判決を喜ぶ原告ら＝2006年3月、金沢地裁

さらに次のように述べ、被告である北陸電力の地震想定の甘さを指摘している。

震源断層が地表付近に到達していなければ、いくら地表や浅い地中を詳細に調べても地下深くの震源断層の存在を把握できないことを考えると、被告がした綿密な調査によっても活断層が見つからなかったからといって、地下にマグニチュード六・五を超える地震の震源断層が存在しないとまで断ずる合理的な根拠があるとは認め難い。

我が国において、過去の地震活動性が低いと考えられていた地域で大地震が起こった例が珍しくはない上、むしろ従前地震が起こっていない空白域こそ大地震が起こる危険があるとの考え方も存在する。［……］本件原子炉敷地周辺で、歴史時代に記録されている大地震が少ないからといって、将来の大地震の発生の可能性を過小評価することはできない。
そうすると、被告が設計用限界地震として想定した直下地震の規模であるマグニチュード六・五は、小規模にすぎるのではないかとの強い疑問を払拭できない。

これは、巨大地震はどこで起きるかわからないということを言っているのに等しい。
「結論としては、そうなのかもしれませんね。活断層が直下に確認できなくても、M七・二～七・三は想定すべきというのが判決の結論ですから。ということは、過去に活断層が確認されていないところで起こった地震の規模のデータを集めれば、M六・五という国の耐震指針の想定は甘すぎるということです」

この訴訟の対象となった二号機は「改良型沸騰水型」と呼ばれるタイプだ。沸騰水型は制御棒が下から入るというのが弱点のひとつ、と住民らは主張していた（76ページの図1）。想定を超える地震動に見舞われると、原子炉の緊急停止を意味する「スクラム」が可能なのか、という不安である。判決は、次のような可能性を列挙した。碍子《がいし》破損等

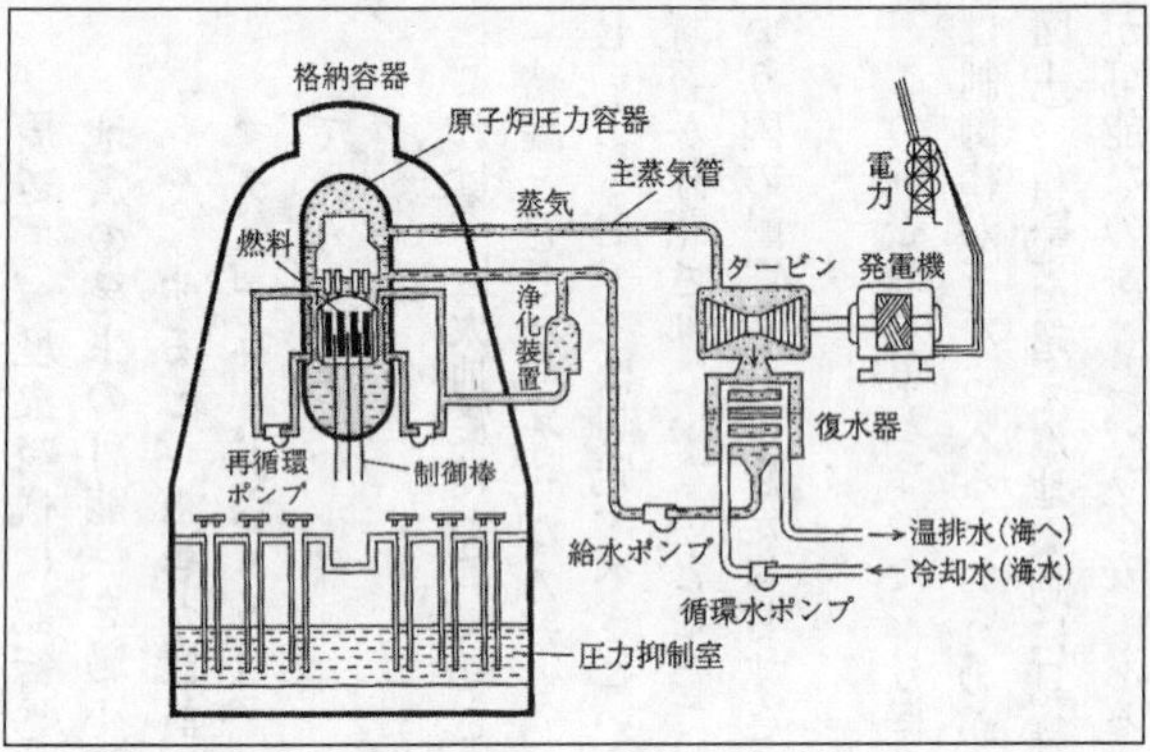

図1　沸騰水型炉の仕組み＝石橋克彦編『原発を終わらせる』(岩波新書)から

による外部電源の喪失、非常用電源の喪失、配管の破断、シュラウドの破断、冷却材の減少や喪失、緊急炉心冷却システムの故障……。まるで福島第一原発事故を予見していたかのような言葉が続く。

［……］最後の砦であるスクラムの失敗も考えられないではなく、炉心溶融事故の可能性も反応度事故の可能性もあるというべきである。いずれにしても、被告が運転時の異常な過渡変化や事故の評価の前提としている機器の単一の故障や単一の誤操作に止まるものではなく、様々な故障が同時に、あるいは相前後して発生する可能性が高く、そのような場合、被告が構築した多重防護が有

効に機能するとは考えられない。

スクラムの失敗の可能性に踏み込んだ理由について、井戸さんはこう説明する。

「北陸電力は『スクラムはちゃんと入ります』と言っているが、それはあくまで想定した地震を前提にしている。それ以上の地震が来たときに、本当にきっちりと制御棒が入るのか、ということは何ら検証されていない。甘い地震動の想定で安全性を唱えても、それはもう、前提が違うわけです」

生命・身体にまさる価値はない

判決は「まとめ」として、耐震設計の前提となっている国の指針に疑問を投げかけた。地震動を測る手法の妥当性そのものなど、いくつもの点が疑わしいというのだ。そのうえで住民ら原告が「許容限度を超える放射線を被ばくする具体的可能性があることを相当程度立証したというべきである」と述べた。一方で、被告の北陸電力側に対しては「反証は成功していない」としている。

「[……] 本訴において被告がした主張立証は、耐震設計審査指針に従って本件原子炉を設計、建設したことに重点が置かれ、原告がした耐震設計審査指針自体に合理性がない旨の主張立証に対しては、積極的な反論は乏しく、現在調査審議が継続中の耐震設計審査指針の改訂が行われれば、新指針への適合性の確認を行うと述べるに止まった。

そして邑知潟断層帯の危険度評価や宮城県沖地震で得られた新しい情報が前提とされていないことを理由に「安全審査に合格しているからといって、本件原子炉の耐震設計に妥当性に欠けるところがないとは即断できない」とたたみかけている。

井戸さんは「被告は、例えば『安全性には何倍の余裕があるから大丈夫だ』とか『こういうふうにつくっているから安全に余裕がある』という主張・立証はしませんでした。具体的な根拠とデータを示していただかなければ、安全だとは認められないんです」と説明する。

この裁判の原告のなかには、志賀原発から約七〇〇キロ離れた熊本県の住民も含まれている。判決は、民間の「原子力資料情報室」によるシミュレーションをもとに、そこへの影響も認めた。地震が原因で、この原発に最悪の事故が起きたときは熊本でも、許容限度とされる年間一ミリシーベルトをはるかに超える五〇ミリシーベルトの被曝の恐れがある、とした。

「電力会社は故障が個別に起きることしか想定していません。しかし、想定を超える地震が起きたときには単一の故障だけで収まるとはとても思えず、複数の事故が同時に起きる恐れが高い。そうなったときには、チェルノブイリ級の事故の可能性があります。福島第一原発を襲ったような津波のことは考えてなかったけど、たとえ津波がなくても論理的にはそうならざるをえない。熊本の住民の請求だけ棄却する理屈の立てようがないのです」

民事訴訟では、原告と被告の権利を比べて、どちらを重く見るべきかが検討される。この裁判の場合、周辺住民が受ける危険性と運転差し止めによる社会への影響が比較された。個人の生命や健康にかかわる「人格権」か、それとも「公共の利益」か、ということだった。

「住民らは『通常運転による放射能の放出』の危険性も主張していました。その程度なら、公共の利益のほうが重いという判断もありうると思います。しかし、電力会社は個別の故障しか想定していません。想定を超える地震が起きたときには緊急炉心冷却システムが働かない恐れもある。チェルノブイリ級の事故が想定できる以上は、住民が甘んじて受け入れる限度に収まるとはとても思えません。生命・身体というのは何ものにも代えられない価値ですから、それを犠牲にしてまで守る公共の利益というのはありえないのです」

「司法の独立」に感動した瞬間

井戸さんは東京大学一年生のとき、駒場キャンパスでセツルメント活動に誘われた。セツルメントは英国で始まったもので、経済的に貧しい人たちの生活改善にかかわる活動だ。井戸さんは都営住宅を訪れ、小学生に勉強を教えるチームに入った。親が病気で働けずにいたり、サラ金で苦しんでいたりする家庭の子どもたちに触れた。セツルメントには弁護士志望の学生が多く、実際の法律相談に乗る若手弁護士との交流もあった。

駒場寮の六人部屋に住んでいて、そこでも司法試験を目指す仲間に囲まれていた。もともとはジャーナリスト志望で、社会問題に何らかのかたちでかかわりたいと思っていた。やがて闘うための「武器」がほしいと考えるようになり、「弁護士になろう」と決めた。大学三年のときである。井戸さんが在籍していたのは法学部ではなく、教育学部だ。そのまま司法試験の猛勉強を始め、四年生のときに一度で合格した。

裁判官の道を選んだのは司法修習生になってからだ。大阪での実務修習で触れた裁判官たちの姿は、とても自由に見えた。それが転機になった。

「誠実に事件に向き合って、周囲を気にすることなく、自分たちが信じる仕事を淡々としている雰囲気がありました。弁護士がいくら懸命に立証活動をしても、結論を出すのは裁判官。そう思うと、改めて魅力を感じたのです」


そうやって裁判官になった井戸さんには、ひとつの信条があった。それは、弁護士がついていない「本人訴訟」を大事に扱うことだった。ふつうの訴状と違って、論旨はめちゃくちゃで、字が読みにくいことさえある。

「みんな、いやがるんですけどね。手間がかかりますから。でも、どこからもまともに相手にされず、最後に裁判所に駆け込んで来るわけですよ。一縷《いちる》の望みという期待感をひしひしと感じます。ここでだめだったら、どこにも持って行くところはありませんものね。まずは訴えを聞いてあげて、話を法律的に構成し、審理する。救済すべきものは救済する。だめならだめと言い渡す。すると、結果としては棄却判決でも、ちゃんと尊重して裁判所に扱ってもらえたことに満足して『ありがとうございました』と言ってくれる人もいるのです。裁判所に来るいろんな人たちの言い分を正面から受けとめて、逃げない。そう思って、ふだんの仕事をしていたと思いますね」

井戸さんは「司法は市民の最後の砦であるべきです」と語る。そういえば判決のなかにも炉心溶融の可能性に触れたところで「最後の砦であるスクラムの失敗も考えられないではなく……」という表現があった。

「その表現を入れたのは、わたしだと思います。好きな言葉なんですよ」

初めて違憲判決にかかわったのは九三年、大阪高裁の参議院定数訴訟だった。主任裁判官として判決の原案を書いた。すでに衆議院については、一票の格差が広がりすぎて「違憲状態」であるという判決と、その次の段階である「違憲」判決が出ていた。しかし参議院に関しては、まだ違憲状態判決もなかった。そんななかで、三人で合議した結果、違憲判決を出すことになった。井戸さんの裁判官人生で初めてのことだ。言い渡し当日の朝は気負って、早めに登庁した。

「ところがですね」と井戸さんは振り返る。

「右陪席裁判官が来て、裁判長もやって来て、三人そろったら、いつものように雑談を始めるんですよ。外ではマスコミの人たちがどんな判決を言い渡すのかと固唾を飲んで待っている。でも、裁判官室のなかは、ふだんとまったく同じような時間が流れる。わたしだけが緊張しているんです。九時五〇分になったら法廷でのマスコミの写真撮影もありますから『じゃあ、行きましょうか』と法廷へ向かう。どこからも、何の圧力もなく、三人だけで相談して出した結論を持って。それを裁判長はほかの事件と同じように、淡々と言い渡す。わたしはものすごく感動したんですよ、それだけのことなんですけど。『ああ、これが司法の独立なんだ』と。自分がいずれ裁判長になったときには、そういうふうに仕事をしたいと思いましたね」

それから一三年――。志賀原発訴訟の判決翌日、地元紙は「裁判長は気負いのない、穏やかな表情だった」と伝えた。井戸さんは「たしかに非常に落ち着いた気持ちで言い渡せましたから、まあ、それなりにできたかなとは思います」と話す。

＊

しかし、この訴訟は高裁で住民側が逆転敗訴することになる。二〇一〇年秋には最高裁で住民側の敗訴が確定した。

東日本大震災が発生したのは、その四カ月余りあとのこと。福島第一原発の事故が起き、井戸さんたちが判決で次のように指摘していたことが現実のものとなった。「炉心溶融事故の可能性も［……］ある」「多重防護が有効に機能するとは考えられない」……。

「まさにそうです。愕然《がくぜん》としました。三陸沿岸では八六九年に貞観《じょうがん》地震の大津波があったことが指摘されています。長い地球の歴史から見れば、わずか千年前に起こったことは、また起こりうる『具体的危険』だと思います。原発という危険なものを扱う以上、当然、備えるべきでした」

「抽象的危険というのは、例えば、宇宙から隕石が落ちてきて原発に衝突したらどうする、といったことでしょうか。もっとも、それだって否定はできないわけです。そのように具体的危険と抽象的危険をどこで線引きするかは難しい問題です。ただ、地球の歴史からすれば、人間が経験していることなんて、ごくごく一瞬のことにすぎないわけです。人間の歴史のなかで起こったことは、いつでも起こる可能性があると考えるべきでしょう。それはもう具体的危険の範囲内だと思います」

井戸さんは志賀原発訴訟の前に「住基ネット」の違憲判決も言い渡している。国が進める住民基本台帳ネットワークはプライバシーの侵害だ、とする住民の主張を認める内容だった。原発訴訟と合わせて二件、国策を否定するように見える判決を出したことになる。

二〇一一年春、依願退官した。裁判所に対して何か不満があったわけではない。人事で冷遇されたこともないという。同僚に「干されるぞ」と言われたことはあるが「冗談めかして言われた話です」と話す。

いまは、滋賀県彦根市で弁護士をしている。もともと、弁護士も経験したいという気持ちはあった。六五歳の定年からでは体力的にも気力の面でも厳しいと思い、転身したのだ。本当は、どんな小さな刑事事件や民事事件でも気軽に引き受けるつもりだった。しかし、あの三・一一後に各地で起こされた原発訴訟にかかわるようになり、多忙を極めている。

「ひとつ誤解しないでいただきたいのは、志賀原発訴訟の判決は、原発政策そのものを否定したものではなかったということです。原発を動かすのなら、ちゃんと安全性を高めてほしいという趣旨でした。わたし自身、当時は電力供給の観点から原発は必要だろうと考えていましたから」

しかし、いまは違う。弁護士として、一市民として「原発という危険なものは、即時停止すべきです」と発言している。

第三章「国策でも遠慮するつもりはなかった」

動燃・もんじゅ訴訟　二審裁判長
（名古屋高裁金沢支部／二〇〇三年／住民側勝訴）

川﨑和夫《かわさきかずお》さんの証言

日本で初の住民側勝訴

裁判官とて宮仕えの身である。発令された人事異動は受けるしかない。東京家裁・地裁八王子支部にいた川﨑和夫さんに「名古屋高裁金沢支部へ」との辞令が出たのは、二〇〇〇年の夏のこと。そんなに忙しくはないのかな、と想像したのもつかの間だった。「もんじゅ訴訟があります」。そう知らされ、川﨑さんは「ついてないなあ」と思った。

名古屋高裁金沢支部には刑事が一部、民事も一部しかない。富山、石川、福井三県の地方裁判所から上がってくる民事事件はすべてここに集まってくる。忙しくないどころか、実際にはかなりの事件数である。そのうえ、もんじゅ訴訟の控訴審が待ち受けていた。

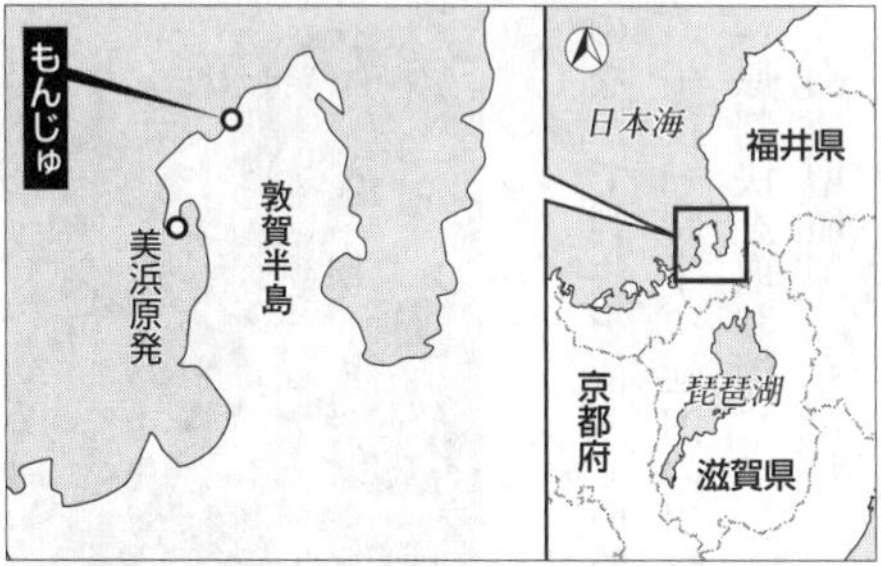

もんじゅは福井県敦賀市にある原子力施設だ。周辺住民は「危険だ」と訴訟を起こしたが、一審の福井地裁で負けている。

「原発訴訟を担当して喜ぶ裁判官はいないでしょう。いまだから言えますが、それまでのさまざまな原発訴訟の流れから見て、もんじゅ訴訟もある程度、『控訴棄却』の結論が予測されました。それなのに、ほかの事件もふだん通りに処理しながら、この大型訴訟の膨大な記録を読まなければならないのです。負担は大きい。判決を書くのも大変だろうなあと思いました。もんじゅ訴訟が、裁判官人生の総括といった意識なんてありませんでしたよ」

1946年生まれ。72年判事補任官、水戸地裁などを経て、2000年から名古屋高裁金沢支部・部総括判事。05年熊本家裁所長で退官

——それから三年後の二〇〇三年一月二七日。

もんじゅ訴訟の控訴審判決が言い渡されるときがきた。金沢市は朝から雨だった。気温は七度。名古屋高裁金沢支部の庁舎前では、法廷に入りきれなかった住民や支援者ら約六〇人が寒さのなかで判決を待っていた。

午後一時半。廷内の川﨑和夫裁判長は力強く判決を読み上げた。

「原判決を取り消す」

「高速増殖炉『もんじゅ』に係る原子炉設置許可処分は、無効であることを確認する」

日本で初めての住民側の全面勝訴である。「完全勝訴」の垂れ幕を持って裁判所から飛び出してきた弁護士の姿を見て、泣き出す住民もいた。提訴から実に一七年あまり。住民たちの訴えが裁判所に届いた瞬間だった。翌日の朝刊各紙には「司法の壁、風穴空いた」といった見出しが躍った。国や電力会社には衝撃が走った。

川崎さんはいま、「もんじゅ訴訟は、自分の能力の限界を感じつつ悪戦苦闘した、最も記憶に残る事件です」と振り返る。

「こうした結論になったのは、もんじゅが研究開発段階の危険性の高い原子炉だったからです。もしこれが、ふつうの軽水炉型の原子炉だったら結論は異なるものだったでしょう。軽水炉は世界中で商業炉として稼働実績があり、知見や技術も一応は確立されている。当時はまだ、原発の安全神話が生きていた時代ですから、設置許可を違法というのは非常に困難だったと思います」

「夢の原子炉」

もんじゅを手がけるのは、当時の名で動燃（動力炉・核燃料開発事業団）。現在の日本原子力研究開発機構だ。もんじゅは高速増殖炉と呼ばれるタイプで、軽水炉とは仕組みが違う。原発の使用済み核燃料に含まれるプルトニウムを取り出し、再び燃料として使う。「増殖」という言葉が用いられているのは、消費する燃料より多くの燃料を生み出すからだ。そのため「夢の原子炉」と期待された。貴重な資源であるウランの利用効率が飛躍的に高まるため、国が推進する核燃料サイクル政策には欠かせない施設と位置づ

判決を言い渡す川﨑和夫裁判長＝2003年1月27日、代表撮影

けられた。もんじゅは技術的な問題を洗い出すための研究途上にある「原型炉」だ。次の「実証炉」というステップを経て、二〇五〇年ごろの実用化を目指すことになっていた。

敦賀市がもんじゅの候補地に選ばれたのは一九七〇年のこと。国は八三年に「原子炉設置許可」を出した。つまりゴーサインだ。

それを受け、住民らは八五年に訴訟を起こす。ひとつは、国を相手取って設置許可処分の無効確認を求めた行政訴訟。ふつうなら許可処分の取り消し訴訟をしたいところだが、出訴期間が過ぎていたので、無効確認を求めることになった。さらに、動燃を被告とする建設・運転差し止めを求めた民事訴訟を同時に進めることになった。

行政訴訟は二段階にわかれる。最初の「第一ラウンド」では、そもそも原告に訴える資格があるかどうかの「原告適格」をめぐって争われた。最高裁で原告全員にそれが認められ、差し戻しされるまで七年もかかり、ようやく「第二ラウンド」に入る。原子炉の危険性をめぐる実質的な審理に入ったのは一九九二年からだった。

非公開の場でのレクチャー

その裁判の中身はどのようなものだったのか。

もんじゅ訴訟は、高速増殖炉に関する争点だけでも大きくわけて三つある（92ページの表）。川﨑さんたち三人の裁判官は初め、「冷却材」として使われる液体ナトリウムの性質と問題点や「蒸気発生器」なるものの仕組み、さらには炉心崩壊に至るプロセスまで理解しなければならなかった。

「頭を抱えました。専門用語がたくさん出てくるのですが、意味がわからない。科学の専門書を読んでいるようで、理解できないことが多すぎました。物理学だけでなく、化学の用語もあります。当事者から、それらを解説したハンドブックのような小冊子をもらいました。ひんぱんに出てくる言葉についての専門用語集です。だけど、いちいち辞書を引きながら本を読んでいるみたいなものですよ。約一〇〇ページの準備書面を読むのに一日かかり、最後には集中力がなくなる状態でした」

そこで川﨑さんは考えた。法廷での口頭弁論とは別に、非公開の「進行協議」という場で双方の専門家に質問してレクチャーを受ける方式を採ったのだ。

表2　もんじゅの技術的な争点

○ナトリウム漏れ事故対策

〈住民側〉

ナトリウムが漏れると、鋼鉄製の床張り（床ライナ）に穴が開き、コンクリートと接触して爆発する。安全審査には重大な欠落がある

〈国側〉

ナトリウムが漏れたとしても、床ライナでコンクリートとの接触は防ぐことができる。基本設計が否定されることはない

○蒸気発生器の細管（伝熱管）が同時に大量破断する恐れ

〈住民側〉

同時大量破断が起き得るのは、外国の例でも明らか。実験や計算の信頼性も低い

〈国側〉

蒸気発生器は、細管の損傷を早期に検知し、水や蒸気を逃がす対策がなされている。同時大量破断は起きない

○炉心崩壊の可能性

〈住民側〉

解析評価は甘い。事故で原子炉から放射性物質が飛び出せば、周辺住民に大きな損害を与えることは明らか

〈国側〉

多重の安全対策を講じており、炉心崩壊の発生は考えられない

「裁判所には科学の専門家などいませんが、双方の当事者には原子力の専門家がついています。だから、法廷での証拠調べとは別に、彼らから説明を聞いたほうが理解が早い。そう判断しました。口頭弁論は公開の場ですから、発言が慎重にならざるを得ません。『こうなんじゃないの？』『これは違うの？』といった自由な発言というのは、どうしても制約される。でも、進行協議なら自由に質問や議論ができるわけです」

いわば「説明会」方式とも「プレゼンテーション」方式とも呼ぶべき進め方だ。このように進行協議を活用すること自体はそれほどめずらしいことではなく、川崎さんにとっても初めてではない。例えば建物に関する訴訟では、建築士に来てもらって説明を受けたこともあったという。ただ、そういう場合は一回か二回ですむ。

しかし、もんじゅ訴訟では一カ月に一度、朝一〇時から夕方五時まで、ひたすら双方の代理人と専門家に質問を重ね、その答えに聞き入った。フリートークといってもよいくらい、自由な雰囲気だった。初めは代理人と専門家だけを、この非公開の進行協議に入れていた。すると、住民側の当事者から「何をやっているか、わからないじゃないか」と注文がついた。それで途中から、住民も交代で出席できるようにした。

「裁判所も大変でしたが、当事者にとっても大きな負担だったと思います。資料をつくるにしても、住民側は特に大変だったようです。味方に付いてくれる専門家だって、住民側は少ないですからね。国側はかなり態勢が整っていますから、色刷りのきれいな資料でした。住民側の資料とは見栄えが全然違うんです」

基礎的知識さえ足りない状態で、鋭い質問などできなかった。「初めはとんちんかんな質問をしたかもしれません」と川崎さん。この説明会的な進行協議は約一年続いた。そうやって猛勉強を続けるうちに、原子力発電の仕組み、もんじゅの構造、そして問題点がだんだん見えてきた。やがて、まともな質問もできるようになっていった。

先ほどの争点表にある「ナトリウム漏れ」「伝熱管の大量破断」「炉心崩壊の可能性」のほかに、住民側は耐震性の安全審査も問題として挙げていた。耐震性に関しては、軽水炉をめぐる各地の裁判でも争われてきた。川崎さんは「わりと早い段階で、高速増殖炉に固有の問題で決着をつけようと思いました」と打ち明ける。

「これまでの軽水炉をめぐる判例の趣旨から言って、仮に耐震性についての安全審査基準に問題があると高裁が認めたって、たぶん最高裁で受け入れられることはないだろうと考えました」

判決は、「耐震性についての住民側の主張は退けたうえで「軽水炉とは違う、さまざまな問題」に検討を集中させている。それはどのようなものだったのか。具体的に三つの争点を順に見ていくと――。

争点1　ナトリウムは封じ込められるか？

説明を聞くうちに「危険性のおおもとは冷却材にある」と川崎さんにはわかってきた。「冷却」という語感に惑わされるが、冷却材の役割は、炉心で発生した高熱を取り出すことだ。それによって最終的には高温の水蒸気でタービンを回すことになる。軽水炉ではふつうの水（軽水）を使うが、もんじゅでは冷却材として熱伝導度が高い液体ナトリウムを使う。

ナトリウム漏れ事故を起こした直後のもんじゅの配管室＝1995年12月、代表撮影

ところが、ナトリウムは酸素と化合すると高熱を発して燃えるという特徴がある。空気に触れるだけで火災を引き起こし、水と接触すると水素を発生させて爆発する危険性がある。しかもコンクリートに触れても、そのなかに含まれる水分と激しく化合する。もんじゅには、このやっかいなナト

リウムが総量一七〇〇トンも使われている。

「そのナトリウムをどう封じ込めるかが重要な課題なのです」

もんじゅでは九五年一二月八日の夜、ナトリウム漏れ事故が発生した。地下二階の中央制御室には火災報知器とナトリウム漏れを知らせる警報音が鳴り響いた。そこから約四〇メートル離れた原子炉建屋内で、二次冷却系のナトリウム〇・七トンが配管から漏れて燃焼したのだ。コンクリートの水分と反応して水素爆発やコンクリート強度の劣化が起きるのを防ぐため、床には厚さ六ミリの「床ライナ」と呼ばれる鋼鉄製の床張りが敷かれているが、漏れたナトリウムで、設計の想定温度より二〇〇度以上も高くなったと見られる。

動燃は、もんじゅのような原型炉より一つ手前の段階である実験炉「常陽」を茨城県大洗町で動かしていた。高速炉の基礎的なデータを得るための施設だ。そこでも冷却材にナトリウムを使っているが、初めて臨界に成功した一九七七年以来、一度もナトリウム漏れ事故を起こしていなかった。動燃が、技術に自信を持っていた理由のひとつだ。

しかし、もんじゅでのナトリウム漏れ事故の調査によって、思わぬ原因がわかった。

配管内に突き出すようなかたちで取り付けてあった温度計のさやが折れて、そこからナトリウムが漏れたのだった（図2）。さやはナトリウムの流れにさらされて、ごく小さな振動を繰り返しているうちに金属疲労が進んでいた。さやは国の安全審査の対象にもなっていなかった。

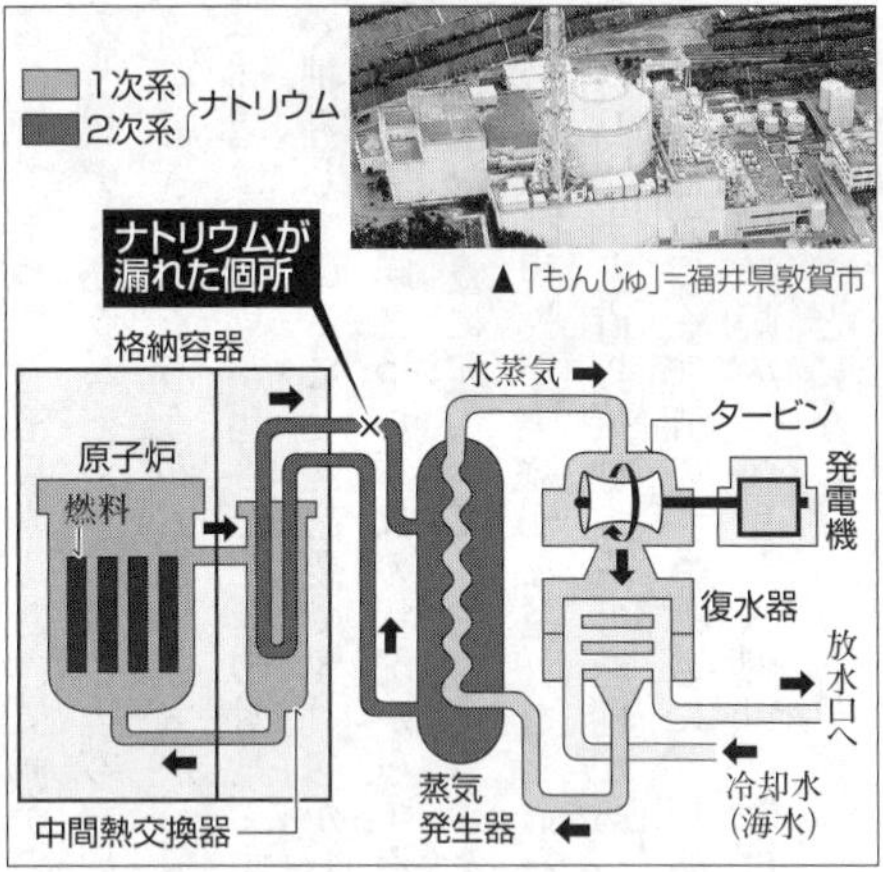

図2　もんじゅの仕組み

「住民に理路整然と説明して『もんじゅでは起きない』と大見えを切っていたのに、ナトリウム事故を起こしてしまった。温度計が破損して、そこから漏れちゃった。なんとも情けない事故ですよ。だれも考えもしなかったところから漏れた。机上の理論では『安全性はこんなに確保されている』となっています。だけど器具だとか配管、温度計だとか、そういうものは人間がつくるわけですよ。人間というのは、どこかでミスをする。例えば、いくら定められた材質の管であっても溶接するときに何かのミスをおかす危険性だって常にあるんです。するど、ナトリウムを完全に封じ込めるということを、不完全であるわたしたち人間が本当にできるんだろうか、という気がしてきました」

「問題は、事故が起きたときの対策ですね。それには事故が起こった場合の状況を正しく把握していることが必要です。しかし、ナトリウム漏れ事故についての設計時の解析は、現実に起こった事故の状況からすると甘いものでした。しかも、事故が冬でなく、湿度の高い夏に起こっていたら、もっと深刻な事態になっていた可能性がありました。事故後に大規模な実験がなされたところ、床ライナに貫通孔が生じた。ナトリウムがコンクリートと直接接触する可能性があったことがわかったのです」

こうした安全審査のずさんさに、川崎さんは国側に不信感を強めていった。結局、判決は高速増殖炉の「アキレス腱」と呼ばれるナトリウム問題とその対策について、厳しく指摘することになる。

この安全評価の不備のもたらす危険性は、ナトリウム燃焼、ナトリウム—水反応及びナトリウム—コンクリート反応によって生じるかも知れない二次主冷却系の全冷却能力の喪失である。二次主冷却系のすべてが機能不全に陥れば、一次主冷却系も冷却能力を失って炉心溶融が生じ、そうなれば出力は暴走し、放射性物質の外部環境への放散の可能性は高度の確率をもって覚悟しなければならない。

［……］

二次主冷却系の一ループで本格的なナトリウム―コンクリート反応が起これば、その被害は他のループにも及び、系統分離が破壊される高度の蓋然性を否定できないと認めるべきである。そして、本件原子炉施設の現状設備では、床ライナの腐食や温度上昇に対する対策を欠いているため、漏えいナトリウムとコンクリートの直接接触が確実に防止できる保障のないことは、既に繰り返し述べたところである。

このように述べ、安全審査をめぐる調査や判断の過程には「看過し難い過誤、欠落」があり、放射性物質が外に放出される具体的危険性は否定できないとした。これが、もんじゅを許可した処分を無効とする最も大きな理由のひとつだ。

争点2　伝熱管の破断の心配は？

次に問題とされたのは、蒸気発生器だ。これは一般的な原発でも「アキレス腱」だが、ナトリウムを冷却材に使っているもんじゅでは、また別のあやうさがある。蒸気発生器のなかには、長い細管（伝熱管）が束となって収められている。この薄くて細い管のなかには水が流れていて、管の周囲のナトリウムから熱を受け取る。熱交換という仕組みだ。

もしこの細管が破損すると、水とナトリウムが激しく反応し、ナトリウムは高熱を発して燃焼するとともに、水素が発生する。そして隣の細管を壊し、さらに隣の細管へ……と連続する恐れがある。この「破損伝播」について動燃が想定していたのは「ウェステージ」型破損というものだった。ウェステージ（wastage）とは「損耗、消耗」を意味する。苛性《かせい》ソーダによる腐食と、ジェット流による作用が重なって、隣の細管が損傷していく現象だ。

しかし、この現象よりもっと危ないのは「高温ラプチャ」型と呼ばれる破損である。ラプチャ（rupture）は破裂の意味。ナトリウムと水の反応による発熱で、一〇〇〇度以上となって強度が落ちた管が破損するメカニズムだ。瞬間的に、周囲の管が次々と壊れる恐れがある。

「蒸気発生器で伝熱管が破損する事故の可能性について、国は四本程度と想定していました。しかし、もんじゅの許可処分後に英国の高速増殖炉で四〇本の伝熱管が破損・破断する事故が実際に発生しているんです」

英国での事故というのは、もんじゅと同じ原型炉で一九八七年に起きた。最初に、一本の伝熱管が破断した。水が流れている管のなかは約一五〇気圧。一方、ナトリウムが流れている容器のなかは数気圧しかなく、圧力差が大きい。その管が切れたため、猛烈な勢いで水が噴き出し、ナトリウムと触れ合った。たちまち高温となった隣の細管の強度が落ち、内部の圧力によって急速に膨れ、ついに破裂。その結果、破損が連鎖した。図3にあるように、最初の一本を除くと三九本の管が破断した。この間、わずか八秒のできごとだった（103ページの図3）。

しかも英国での事故に先だつ一九八一年、動燃がおこなった実験では同時に二五本が破断することがすでに確かめられていた。安全審査を担当していた旧・科学技術庁に、動燃がその結果を報告したのは一九九四年。科技庁がそれを原子力安全委員会に報告したのは一九九八年だった。それにもかかわらず日本の基準ではなぜか、四本が破断することを想定した対策をしていれば十分とされたままだったのだ。

本件申請者は、本件許可申請当時、蒸気発生器の伝熱管破損事故において高温ラプチャが生ずるとは想定していなかったことが明らかであり、審査機関である科学技術庁及び原子力安全委員会も、本件申請者がした解析を単に是認したにとどまり、高温ラプチャによる破損伝播が生じるかも知れないとの観点から、本件安全審査を行ったと認めることはできない。

［……］

以上要するに、蒸気発生器伝熱管破損事故における初期スパイク圧力や準定常圧の具体的数値を確定し、それが最高使用圧力を上回るものであるにもかかわらず、蒸気発生器や中間熱交換器の耐圧を示すことなく、これらの機器の健全性が損なわれることがないと判断したことは、誠に無責任であり、ほとんど審査の放棄といっても過言ではない。

［……］

本件許可申請書には、蒸気発生器伝熱管破損事故時における中間熱交換器などの機器の健全性が損なわれない根拠、並びに設計基準事象の解析における単一故障の仮定の有無などについて看過し難い不備があるにもかかわらず、審査機関がその補正を求めた形跡は全く認められず、むしろ、本件許可申請書の記述を無批判に受け入れた疑いを払拭《ふっしょく》することができない。

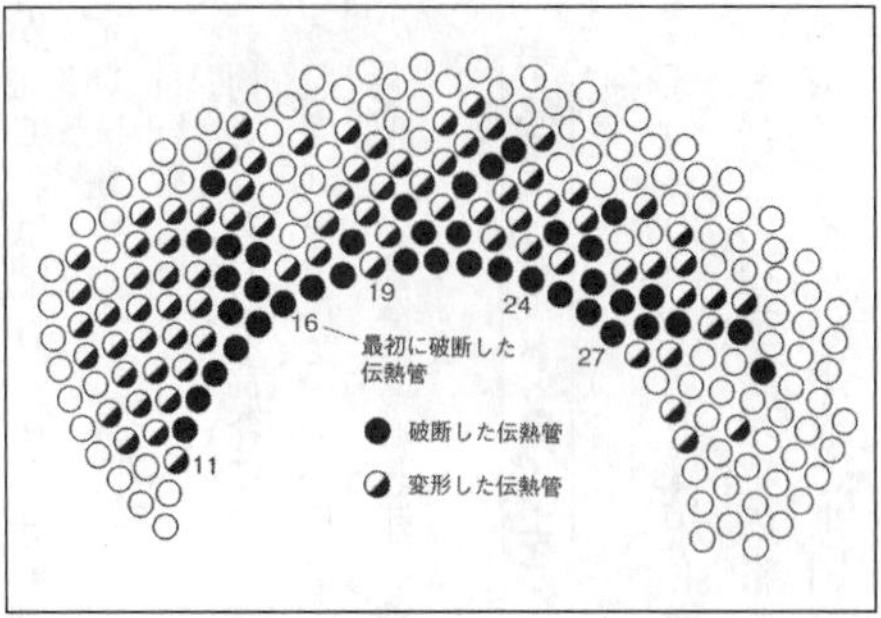

図３　英国の事故で伝熱管はこのように大量破断した＝小林圭二著、原子力資料情報室編『動かない、動かせない「もんじゅ」』（七つ森書館）から

「誠に無責任」「ほとんど審査の放棄」「無批判に受け入れた疑い」……。これほど手厳しい指摘があるだろうか。

「国は動燃の言いなりじゃないか、申請書を鵜のみにしている、と書いたわけです。本当にまじめにちゃんと審査したのか、と。これを読んで、原子力安全委員会は『ふざけるな』というくらいにカンカンになって怒ったらしいです」

そう淡々と、川崎さんは当時を振り返る。

「国は設置許可は有効だと主張しますが、あとになって、ナトリウム漏れ対策や蒸気発生器などについての変更を許可しました。口頭弁論の終結後ですから、裁判で考慮することはできないのです

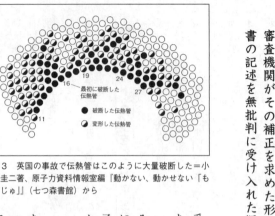

が、これは国も当初の許可処分では不十分だったことを事実上認めたものだと受け止めています」

判決は「安全審査における原子力安全委員会の調査審議及び判断の過程に、上記のような深刻な事故に繋《つな》がりかねない事項についての過誤、欠落があったのであるから、その過誤、欠落は看過し難い重大なものというべきである」と非難した。

争点3　メルトダウンをどう想定するか?

三つ目のポイントは炉心崩壊だ。三・一一での福島第一原発事故は、燃料棒が崩れ落ちる最悪の事態を現実のものとして見せつけた。もんじゅ訴訟の時点でも、旧ソ連のチェルノブイリの事故と米国でのスリーマイル島の事故が起きている。いくつもの原発訴訟で住民側はチェルノブイリのことを引き合いに出したが、国や電力会社側は、黒鉛減速沸騰水型というタイプであることなどを理由に「比較の対象ではない」という態度だった。裁判所もほとんどが相手にしなかった。

しかし、川崎さんたちは炉心崩壊の問題に入るに際して、こう書き起こした。

一六〇〇トンないし二〇〇〇トンもの重量の原子炉の上蓋が空中に吹き上げられたということは、炉心崩壊の際の核分裂反応によるエネルギーが如何に巨大であるかを示すものであって、人類は、これを教訓としなければならない。

炉心崩壊の危険性と悲惨さ。炉のタイプが違っていることは承知のうえで、それでも事実を直視し、謙虚に受け止めようという姿勢を示し、原子力行政全般への警告とした。動燃は、もんじゅでの炉心崩壊事故を「技術的には起こるとは考えられない事象」とし、発生する頻度は「無視し得るほど極めて低い」と位置づけていた。これを判決は強くたしなめている。

「……」しかし、運転実績に乏しい研究開発段階の本件原子炉の炉心崩壊事故をそのように評価することには疑問がある。また、たとえ設計上の理論ではそうであっても、炉心を構成する燃料、機器、装置の品質管理が不十分であったり（本件ナトリウム漏えい事故は、配管に挿入されていた温度計の品質管理に不備があったことが直接の原因であることを想起すべきである。）、若しくは、工事の施工に瑕疵があったりすれば、設計上予想もしない事故が発生する可能性は否定できないのであり、このことは当然想定していなければならないことである。

これに続けて、許可の申請者である動燃をチェックする国側に対して、炉心崩壊事故は、「決して空想の出来事としてではなく、現実に起こり得る事象としてその安全評価がされなければならない」と述べている。川崎さんはこの点を次のように説明する。

「高速増殖炉は特別に危険な施設です。しかも技術や知見が確立されていなかったり、わかったつもりのことが実はよくわかっていなかったり、ということもあります。未知の分野があるんです。ただ、最初の段階ですべてわかるかと言えば、それは無理なわけです。だとすれば、審査の際には安全の余裕度をかなり大きめに設定しなければならないと思います。本当は、審査する側はそういう態度で臨まないといけないのです」

裁判では、米国で一九七二年に建設が計画された高速増殖原型炉「クリンチリバー」の審査がひとつの例として挙げられた。炉心崩壊の実験というのは実際にはできないから、コンピュータで解析をする。炉心崩壊事故時に発生するエネルギーの大きさについて、米原子力規制委員会（ＮＲＣ）は自分たちで独自に解析をやり直した。米国はそれくらい予算を確保し、陣容も整えている。

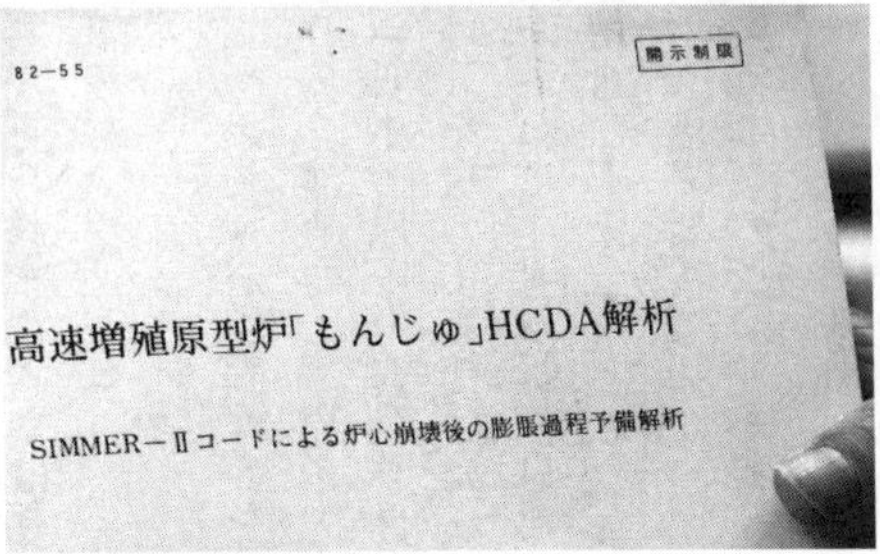

もんじゅの炉心崩壊事故を想定した動燃の報告書。関係者だけに配られていたもので、右上に「開示制限」とある。原告側が古書店で偶然見つけ、訴訟で有利な証拠となった

　クリンチリバーの許可を申請した事業者側は、たとえ炉心が崩壊しても原子炉格納容器が壊れないかどうかを計算する際に「六六一メガジュール」というエネルギーが容器にかかる想定をしていた。これに対して、ＮＲＣは「一二〇〇メガジュール」を想定するよう要求した。つまり、約二倍のエネルギーに耐えられる強度を求めたのである。ちなみに一メガジュールは、一キロワットの装置が一〇〇〇秒にする仕事量だ。

　しかも一九七九年にはスリーマイル島事故が起こったことで、安全上の要求がより厳しくなった。その結果、最終的に建設は中止に追い込まれた。川崎さんは「このことからもＮＲＣの審査の厳しさの一

端が見られます。やはり、日本でもそうした姿勢が必要なんじゃないかと思います」と話す。

もんじゅが設置許可を受けた当時、こうした研究用原子炉については旧・科学技術庁が安全審査をし、原子力安全委員会は、その審査が妥当かどうかをチェックしていた。

「日本の原子力安全委員会は、申請者の動燃が解析した結果を承認しました。動燃の言い分をそのまま受け入れてしまっている。日本の原子力安全委員会というのは、膨大なコンピュータ解析を自前でやる能力がないんです。そんな予算もないんですよ。しかし、解析が不十分だと思ったら、申請者にその理由を示して、解析のやり直しをさせることはできるはずなんです」

「実はこの点は、一審の福井地裁でも問題になっていて、申請者がさまざまな場面で計算した多数の解析について原子力安全委員会が『これをもっと厳しい条件下で計算し直したらどうなるのか』と要求したことがあるのかどうかを、証人である原子炉安全専門審査会委員に聞いています。すると『そういうことを指示したことは一度もない』というのですから、驚きました。国は『極めて厳しい条件でやってますから、それ以上の厳しい条件を設定して、計算させる必要はなかった』という。だけど、設計時に動燃がおこなったナトリウム漏れ事故の解析は甘く、不十分なものであったのですから、こんな審査のあり方で大丈夫かという不安を持ちました。このあたりが原子力安全委員会に不信感をもつ一因となりました」

結局、炉心崩壊についての判断は、炉心損傷後にかかるエネルギーの上限値について原子力安全委員会が「三八〇メガジュール」を妥当としていることを「尊重するに足りる適正な判断と認めることはできない」と述べ、国側の審査をほぼ全面否定するものとなった。

司法による行政のチェック機能

このように、判決は「結論」として①ナトリウム漏れ事故、②伝熱管破損事故、③炉心崩壊、という少なくとも三点をめぐる調査や判断のプロセスに「看過し難い過誤、欠落」があると認めた。これによって、国が原子炉を許可したことは無効とし、もんじゅの安全審査は「全面的なやり直しを必要としている」と断じた。

看過し難い過誤、欠落――。それがあるかどうかというのは、第一章でも触れた伊方原発訴訟の最高裁判決が示した判断基準だ（22ページ参照）。原子力安全委員会などの専門的な知見をもとにしている行政庁の判断に不合理な点がない限り、司法は行政庁の裁量を大幅に認めることにした、と批判も根強い。原発訴訟に関する代表的な判例として、その後の国側勝訴の流れをつくったとも言われる。

　伊方訴訟の最高裁判決は、科学的知見のない裁判所が科学論争に引き込まれるのを避けるための判断基準を示したもの、というのが川﨑さんの見立てだ。

「要するに、裁判所は科学論争を判断する能力が乏しいのだから、そんな泥沼に陥るようなことのないように、と。科学の専門家の英知を集めた指針や判断にもとづいて行政処分がなされたのであれば、よほど見逃すことのできない過誤や欠落がない限りは尊重しなさいと言っているわけです。しかし実際に裁判をやってみると『看過し難い過誤、欠落』があったかどうかという点について、住民側は科学的根拠にもとづいて違法性を主張してくるわけですよ。結局、激しい科学論争になってしまいました。原発訴訟は難しいなあと実感しましたね」

　もんじゅ訴訟の控訴審判決。それは伊方原発の最高裁判例を逆手に取ったようにも見える。これについて川﨑さんは「最高裁判決に従うのは下級審として当然です。我々もそれに従って、判決をしました。ただ、あの判例があったから我々の結論が導かれたというふうには思ってはいないんです」と語る。ひとつひとつ丁寧に事実認定をしていったら、結果的に「看過し難い過誤、欠落」が多く見つかったというのだ。

「伊方訴訟の最高裁判決については、いろんな意見があることも承知しています。ですが、原子力安全委員会が期待されているような役割を十分果たすのであれば、最高裁判決は納得できます。行政庁の裁量を広く認めても構いません」

もんじゅ控訴審で勝ち、記者会見で笑顔を見せる原告側関係者

「しかし」と川崎さん。「その原子力安全委員会が信頼できる存在であったかとなると、わたしとしては疑問を持っています」と続ける。

「原発訴訟に統治行為論的な考え方を取り入れるべきだという人がいることは聞いたことがあります。統治行為論というのは、国家の安全保障のような高度な政治問題は国民が選挙を通じて判断すべきであり、国民に直接選ばれているわけではない裁判官が判断すべきではないというものです。たしかに原発推進は国の政策です。しかし訴訟では、およそ原発の建設は許されないというかたちで争われるのではなく、現実に建設される特定の原発についての具体的危険性が争われるものです。そこに統治行為論的な考え方を導入するのは、この理論の本来の趣旨から言っても行きすぎだと思います。最高裁もそこまでのことは言っていないはずです」

最高裁へのメッセージ

前の章で紹介した井戸謙一さんは、電力会社を負かす判決の重さから、真冬なのにびっしょりと寝汗をかいたと言った。川崎さんは国側敗訴の判決を書く際に、そうした心理的な重圧は感じなかったのだろうか？

「国を負かすことへの抵抗は、そんなにはなかった。国策に反する判決をするから重圧を感じたかというと、そんなことは感じませんでした。しかし、『変な判決を書いたヤツだと思われるだろうなあ』という思いはありました。『川崎、ばかだなあ』と言われる気がして……。それがプレッシャーといえばプレッシャー。だって、それまで原発訴訟で国や電力会社側を負かした判決を出した裁判官はいなかったわけですから。国側の代理人はもんじゅだって当然、控訴棄却だと思っていたことでしょう。まさか負けるなんて夢にも思っていなかったはずです。そりゃあ、通常の小さな事件と原発訴訟では、裁判官の大変さは違いますよ。でも、裁判官である以上、自分がこうだなと思ったら、その通りにすることに、変わりはないんじゃないですか？　だから、どんな事件でも同じです。国策だから遠慮しようかとか、そういう思いはありません」

この長い判決文の冒頭を改めて読むと、なぜか高速増殖炉の特徴や開発の背景がとても詳しく説明してある。そこにはどんなメッセージが込められていたのだろう。例えば、世界の高速増殖炉の現状については、米、英、仏、独などの主要先進国が研究開発を中止あるいは断念していることに触れたうえで、次のように述べている。

なかでもフランスは、世界で唯一、原型炉の次の段階である実証炉（スーパーフェニックス）を完成させた国であるが、そのフランスでさえも、巨額な資金を投じて建設した実証炉を閉鎖する決定をした。［……］安全性を確保する技術と知見を確立するにはなお解決困難な課題が残されており、将来的に見て、商業炉としては採算性が期待できないことが、その政策変更の理由の一つになっていたと認められる。［……］これに対して、我が国は、これまでのところ、高速増殖炉の実用化を目指す方針を堅持している。したがって、原型炉を完成させる段階にまで至った国の中では、事実上、我が国だけが実用化の道を進んでいることとなる。

なぜ、このような点にかなりの行数を割いたのだろう？

川﨑さんは「高速増殖炉とはどういうものなのか、まず知ってほしかったからです」と答えた。知ってほしかった――。そう意識した相手のひとつは最高裁だったと打ち明ける。

「高速増殖炉は、消費した燃料以上の燃料を生み出すことから『夢の原子炉』と言われ、日本を含め世界の主要先進国がこぞって研究開発に取り組みました。しかし、ほかの先進国はすでに、開発を中止か断念していることを強調したいと思いました。断念した理由は国によって違いますが、背景には危険性を克服して実用可能な原子炉として完成させるには、あまりにもハードルが高すぎたという事情があると思います。そんななか、どうしてもわが国が高速増殖炉の開発を続けるというのであれば、最初からもう一度、安全性を全面的に審査し直さなければいけないと考え、設置許可処分を無効としました」

ところが、この判決は二年後の二〇〇五年、最高裁でくつがえされた。二〇年におよんだ住民たちの闘いは敗訴に終わった。控訴審判決は、なぜ最高裁で否定されたのか。これについては、第三部（199ページ参照）で探ることにする。

＊

建設費だけで約六〇〇〇億円が投じられた高速増殖炉もんじゅ。九五年のナトリウム漏れ事故後、発電のための運転は停止したが、維持運転は続けてきた。維持管理費は一日約五〇〇〇万円かかる。もんじゅには一兆一〇〇〇億円が投じられたが、結局、二〇年あまり動かず、二〇一六年末に廃炉が決まった。廃炉には少なくとも三七五〇億円がかかる見込みだ。

第二部

葛藤する裁判官たち

第一章　科学技術論争の壁「メルトダウンまで踏み込めなかった」

関西電力・高浜原発二号機訴訟　一審裁判長
（大阪地裁／一九九三年／原告敗訴）

海保《かいほ》寛《ひろし》さんの証言

「最悪の事態だ」

あの大震災発生の翌日。九州の宮崎市で、元裁判官の海保寛さんはテレビの映像に息をのんだ。福島第一原発から白い煙のようなものが上がる瞬間だった。固定カメラの超望遠レンズがとらえたものだから、音は入っていない。海保さんはすぐに「水素爆発だ」と思った。

「最悪の事態が起きた」

多くの人は同じ映像を見ても、すぐにはその重大さにピンとこなかったかもしれない。しかし海保さんは、大阪地裁で原発訴訟の裁判長を務めた経験がある。だから、ただごとではないとわかったのだ。日を追うごとに、事故の輪郭が報道から浮かんでいく。

「わたしが一番おどろいたのは、全電源の喪失なんです。これにはびっくりした。一時的な電源喪失なら、原発に関する国の審査指針も想定しています。ところが、すべての電源を失うということではないんですよ。わたしが原発訴訟を担当したときも、全電源の喪失はまったく頭にありませんでした。今回の事故が起きてから初めて知ったのですが、米国では、当然のように全電源喪失を想定しているそうですね。そういうことを知ると、裁判官時代のわたしには原発への関心や認識に甘さがあったかなと思うのです」

国の審査指針というのは、当時の原子力安全委員会（現・原子力規制委員会）などが定めたもの。建設地として適しているかどうかを判断するための「立地審査指針」をはじめ、原発施設そのものに関する「安全設計審査指針」や「耐震設計審査指針」など約六〇もの指針類がある。震災後の二〇一二年、原発を規制する部門を一元化する原子力規制委員会が設けられたが、それまでは経済産業省の原子力安全・保安院や文部科学省が一次審査を、内閣府の原子力安全委員会が二次審査を受け持っていた。

すべての電源が長時間にわたって失われる事態が起きることはそもそも指針に入っておらず、裁判官には想像もできなかった——。そう海保さんは言う。

実際、一九九〇年に定められた安全設計審査指針には「長期間にわたる全交流動力電源喪失は、送電線の復旧又は非常用交流電源設備の修復が期待できるので考慮する必要はない」とはっきり書いてある。この問題はこれまでの原発訴訟でも争点とされてきたが、大きくクローズアップされたのは震災後だ。福島第一原発の事故では、地震で鉄塔が倒れるなどして外からの送電が止まった。津波で非常用電源も失われた。すべての電源が失われて原子炉を冷やすことができなくなり、ついにはメルトダウンを招いた。

1937年生まれ。鹿児島地裁・家裁所長などを経て、2002年に定年退官

海保さんが裁判長を務めたのは、福井県にある高浜原発をめぐる訴訟だった。福島第一原発と直接のかかわりがあるわけではない。それに福島第一原発は「沸騰水型軽水炉」というタイプで、高浜原発の「加圧水型軽水炉」とは違う。それでも海保さんは、あの事故がまったく無関係とは思えずにいる。まるで自分を責めるかのような思

いにとらわれるのは、原発訴訟を担当した裁判官であるという理由からだ。原発事故というのは、どうやって起きるのか。原発訴訟はどうあるべきだったか、今後はどう変わっていくべきか。いまも新聞の関連記事の切り抜きを続けながら、考えている。

運転ストップを求めた民事訴訟

福井県から京都府にかけての若狭湾は、日本海側には珍しいリアス式海岸が広がっている。天然の良港に恵まれ、ここから新鮮な魚介類を京の都に届ける「鯖街道」が生まれた。この湾の西の端、京都府と接する高浜町に高浜原発はある。二〇〇万平方メートルを超す敷地に一号機から四号機まであり、そのうち、七五年に営業運転を始めた二号機が訴訟の対象となった。

この原発の差し止め、つまり稼働を止めるよう求める訴えが起こされたのは九一年一〇月のこと。原告は福井だけでなく、大阪など近畿五府県の住民ら一〇〇人以上に及ぶ。水俣病問題などの作品で知られる写真家、故ユージン・スミスさんの妻アイリーン・スミスさんらが名を連ねた。

提訴のきっかけとなったのはその八カ月前に起きた関西電力・美浜原発二号機の事故だった。高浜原発と同じ仕組みの加圧水型軽水炉だ。このタイプの原子炉格納容器の内部には蒸気発生器というものがあり、そのなかを「伝熱管」と呼ばれる細管が数千本、走っている。美浜の事故では細管の破断が起き、炉の空だきを防ぐ緊急炉心冷却システムが作動した。電力会社側はそれまで「ありえない」と説明してきた。当時としては、日本で最大級の原発事故である。

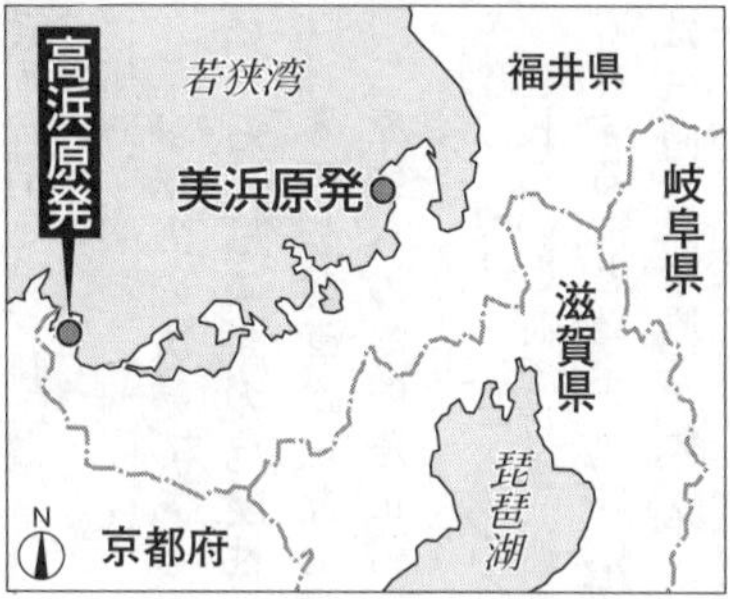

住民らは、美浜と同じことが高浜原発でいつ起きてもおかしくないと恐れた。原告の訴えによると、高浜原発の細管は傷みがひどく、栓をして使えないようにしたり補強したりしたものが合わせて約六〇％にのぼっていた。このままでは細管が壊れ、最悪の場合はメルトダウンが起きる可能性があるとして「すぐに停止を」と訴えたのだ。原発は一三カ月以内に一度、定期検査のために運転を止めることが義務づけられている。しかし、それを待ってはいられないと、住民側は争点を細管の問題に絞ってスピード判決を期待した。地震などは想定せず、通常運転している状態で事故が起きる可能性を問題にした訴訟である。

提訴から二年二カ月後の九三年末、原発訴訟としては異例の早さで、判決が言い渡された。結論は次のようなものだった。

以上の次第であるから、安全管理という観点からすると、本件伝熱管のうちには破断の危険性があると判断されるものが存在するといえるけれども、本件伝熱管が破断し炉心溶融に至る具体的危険性があるとは認め難いので、原告らの本件差止請求は認めることができない。

住民らの敗訴ではある。それでも裁判所は「破断の危険性があると判断されるものが存在する」と認定した。主文言い渡しの直後、法廷を飛び出してきた原告世話人の女性は「高浜二号原発に　イエローカード　事故の危険を警告」と書いた垂れ幕を手にしていた。それまで全国各地でおこなわれていた原発訴訟では、裁判所が原発の安全性をめぐる実質的な論議に向き合うことはまれだった。この判決は原発そのものの危険性に踏み込んだものとして、メディアも「『安全神話』に司法の疑問」（朝日新聞九三年一二月二四日付）といった見出しをかかげた。

原発の「アキレス腱」である細管

全国各地の原発訴訟は七〇年代前半から、まず行政訴訟として始まった。国は、原発をつくろうとする電力会社の申請内容を審査し、問題がなければ「原子炉設置許可」という処分をする。これに対して、処分の取り消しや無効確認を求めるのが国を相手取った行政訴訟だ。

八〇年代になると、実際に始まった原発の建設中止や稼働停止を求めて電力会社を訴える民事訴訟が加わっていく。この高浜原発訴訟もそのひとつで、海保さんら三人の裁判官による合議で進められた。激しい技術論争に正面から向き合った裁判だ。

ただ、判決は「伝熱管のうちには破断の危険性があると判断されるものが存在するといえる」としつつ、「けれども……」と述べている。歯切れの悪さが残る結論だ。いったい、このわずか数行には、裁判官のどのような葛藤がこもっているのだろうか。裁判長だった海保さんは次のように語り始めた。

「行政訴訟と、わたしたちが担当したような民事の差し止め請求訴訟は違う面があります。行政訴訟の場合は設置許可処分がきちんと審査基準に沿ってなされたかを見る。つまり、基本的には手続きの問題です。それに対して、差し止め請求訴訟は『現実的危険』の有無を判断しなければなりません。抽象的な危険性を訴えるだけでは認められないのです。原発施設の機器や検査態勢に不備があるのかどうか、という問題に踏み込ん

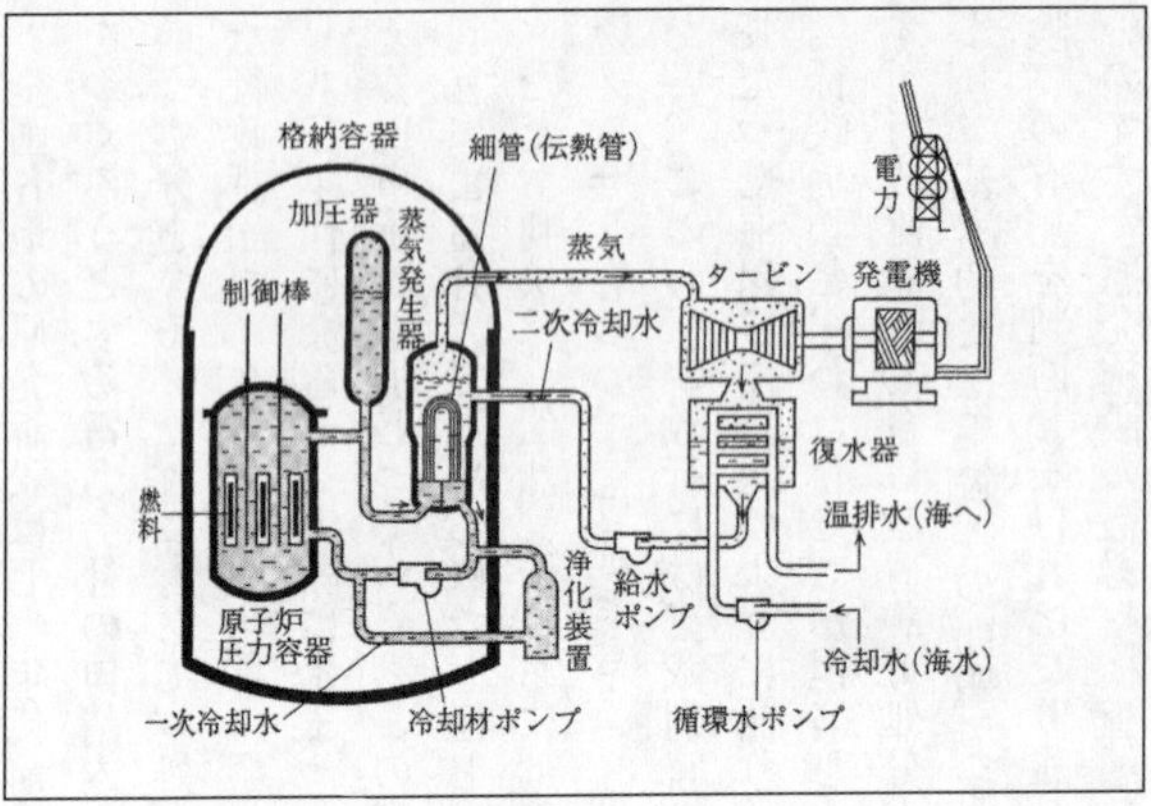

図４　加圧水型炉の仕組み＝石橋克彦編『原発を終わらせる』(岩波新書) から

でいく。わたしたちも実際、かなり踏み込むことになりました」

原発の仕組みをごく簡単に言えば、大きなやかんでお湯を沸かし、その蒸気でかざぐるまを回すようなものだ。原発は、いわば巨大な湯沸かし器。加圧水型炉では、蒸気発生器でつくられた蒸気で発電用タービンを回すのだ(図４)。

水の沸点は一〇〇度だが、炉心を循環する一次冷却水には高圧がかけられて約三〇〇度となる。それが細管を通って、蒸気発生器にためられている別系統の水(二次冷却水)のなかをくぐる。この熱によって二次冷却水は蒸気となり、原子炉格納容器の外にあるタービンを回し、また蒸気発生器に戻ってくる。

取り換え前に公開された玄海原発（佐賀県）の蒸気発生器。このなかに多数の伝熱管が入っている。手前に立つ人と比べるとその大きさがわかる＝2000年、三菱重工業提供

ところが、この細管は加圧水型軽水炉の「アキレス腱」とも「弁慶の泣きどころ」ともいわれてきた。細管の直径は約二センチで、厚さはわずか一・二七ミリしかない。表面積をできるだけ広くし、蒸気発生器の水に熱を効率よく伝えるので「伝熱」管という。その何千本もの細管が逆Uの字のかたちで折りたたまれて、高さ約二〇メートルの蒸気発生器のなかに収まっている。

細管が損傷することは、基本設計の段階では想定されていない。これが現実に損傷する危険性があるのか、ないのか。この裁判の大きな争点だった。海保さんは、書店で金属工学などの本を買い込んだ。

「原発訴訟では、原子物理学よりも工学的な知識が要求されるんです。言ってみれば『器』のなかに放射性物質をちゃんと閉じ込めることができるか、という話ですからね。とくに

『粒界《りゅうかい》腐食割れ』のことは書籍で勉強しつつ、裁判で出てきた資料を読みました」

　粒界腐食割れというのは、細管の金属材料の小さな粒と粒の境界に、ひびが入る現象のこと。二次冷却水に含まれる微量のナトリウムが金属粒子のあいだに入り込み、しだいに金属を化学的に腐食させる。この訴訟のきっかけとなった美浜原発二号機の事故では、蒸気発生器の細管一本が輪切りに破断した。形状から「ギロチン破断」とも呼ばれる。

「想定外」をどう想定するか

　実は、原告側の主張はかなりの説得力を帯びて、海保さんには届いていた。

「伝熱管の粒界腐食割れに関する原告の指摘について、わたしは資料を見て『これほど割れが出ているんだ』と思いました。さらに、被告の電力会社には首をかしげるようなことがいろいろ出てきました。例えば、管の割れが出始めたあと、どれくらいの速度で腐食が進むのかを調べる実験は十分ではなかった。検査についても『え、この程度の検査なのか？』というような印象を受けました。腐食があるかどうかを発見する機器の精度も信頼できるものではなかったですね。それにもかかわらず、被告側の証人が専門家として、そのような検査機器で伝熱管の腐食割れの検出がすぐにできると言い切ったのには、正直、おどろきました。専門家はもっと慎重だと思っていましたから」

高浜原発二号機が完成してから、この段階ですでに一六年を超えていた。蒸気発生器の細管の損傷について、判決は次のように認定している。

ＥＣＴ（注・渦電流探傷検査）により検出できなかった四〇％未満の損傷のうちには、次期定期検査前までの三〇〇日ないし一年内に管厚の八〇％に達するものがあるとの可能性すら否定できないというべきである。そうすると、通常運転時における伝熱管にかかる内外の圧力差は約一〇〇気圧であるから、その圧力がその伝熱管にかかれば、伝熱管が破断する危険性を否定することはできないことになる。

関西電力の実験結果によると、管の厚さの八〇％まで損傷が達していると、通常運転の際にかかる圧力で管が破断する可能性がある。高浜原発の細管には同じ程度の損傷の恐れがあり、地震などの災害時ではなくても、ただ通常運転をしているだけで破断する可能性は否定できない。さらに国の指針は、通常運転時の圧力の一・一倍ないし一・二倍の圧力に耐えるものでなければ安全性に欠けるとしている。だから、この細管も破断の危険性がある――。それが海保さんたちの判断だった。

　破断の可能性がある伝熱管は一本に止まらず、複数本あると考えられ、かつ、それらの伝熱管はほぼ同じ環境下に置かれていることからすると、同時に複数本の伝熱管が破断する危険性があるようにも考えられる。

　ところが、そこまでの危険を認めながらも、裁判官たちは一歩先に踏み込むことができなかった。結局、判決はすぐに次のように続けている。

しかし、環境がほぼ同一でも、伝熱管の損傷の箇所及び程度が全く同じで、かつ、その亀裂の先端に受ける応力の強さ等も全く同一であるということは極めて稀であるから、確率的に複数本が同時に破断する可能性は極めて小さいと考えられるので、複数本の伝熱管の振止め金具に装着ミスがあるとか、他に特別に大きな応力が一様にかかる等の特殊な条件が重ならない限り、直ちに本件伝熱管の同時複数本破断の危険性があるということは困難である。

このような結論になった理由を、海保さんは次のように説明する。

「複数破断の危険性があるようにも考えられる、と書いておきながら『複数破断は認められない』との結論はおかしいじゃないか、という声も判決後に聞こえてきました。けれども、一本が破断したあとに、じゃあ、次にどうなっていくのかがわからなかったのです。国の審査指針では、安全評価の対象とする事象として一本の伝熱管の瞬時両端破断を仮定している。けれども、複数本の破断は想定していないのです。複数本の同時破断や順次破断は仮定する必要のない事象、つまり、そのようなことは起きる可能性はないと専門技術的知見などから判断されたのだと考えました」

「しかし、複数本破断のようなことが絶対に起きないという科学的根拠があるかというと、そのような資料はなかった。そうすると、どのようなことがあったら複数本の破断になるのかということになるのですが、それについての資料もなかったのでわからない。そこらあたりが、専門家じゃないものですから想定するのがなかなか難しい。限界を感じました」

その延長上として、伝熱管が一本破断したときにメルトダウンに至るかどうかについても踏み込めなかった。想定されている事故収束の過程のとおりに事故が収束すればメルトダウンの危険性はない。そう海保さんらは判断した。また、機器の不具合や作業員の作業ミスの可能性をまったく否定できないではないが、関西電力の保守管理の体制や、作業員への教育などに欠陥があるとは言えない、とした。

「人間ですから多少のミスがあるだろうけど、マニュアルがつくられていて、訓練もなされている。ということであれば、そうそう大きなミスってのは起こさないのではないか。何か不具合があっても、多重防護の仕組みがあって放射性物質が外部に出ることを防ぐはず。そのように考えるのが合理的と考えました」

それでは「何か想定していないこと」が起こりはしないかと思ったことはないのだろうか？　いわば「想定外をどう想定するか」という難題である。判決のいよいよ最後のあたりに、次のようなくだりがある。

そして、伝熱管破断事故と他の事故ないし運転時の異常な過渡変化とがたまたま競合するということは、それが同一の原因により発生するというような特殊な条件を想定しない限り、確率的にみて極めて小さいと考えられ［……］さらに、伝熱管の破断を契機として、他の事故ないし運転時の異常な過渡変化にあたるような事象が発生することも、一般論としては想定できないてはないが、これについても、そのような事故等の発生につながるような条件の発生を具体的に想定することはできないから、このような事象が発生する蓋然性があるということもできない。

「何か『思いもよらない要因』が原発に影響を与えることがあるだろうか、と考えなかったわけではありません。そういうことはありえない、と割り切っていたということではないのです。ひょっとしたらあるのかもしれない。だから判決で『特殊な条件』に触れたのです。だけど、訴訟で議論された限りではそれがありうるとまでは言えないだろう、と。『一般論としては想定できないではない』けど、『具体的に想定することはできない』という表現にしたのはそういうことだった。それが精いっぱいでした」

福島の事故は防げたかもしれない

なぜ裁判所は、原発訴訟に踏み込みにくいのか。海保さんがひとつの理由として挙げるのは、原発訴訟を担当する裁判官にとって大きな判断のよりどころとなった「伊方原発訴訟」の最高裁判決だ。海保さんが担当する高浜原発訴訟の判決言い渡し前年の、九二年に出された。これについては第一部（22ページ参照）でも触れたが、その判決原文を紹介したい。重要なのは次のくだりだ（傍線筆者）。

右のような原子炉施設の安全性に関する審査の特質を考慮し、右各号所定の基準の適合性については、各専門分野の学識経験者等を擁する原子力委員会の科学的、専門技術的知見に基づく意見を尊重して行う内閣総理大臣の合理的な判断にゆだねる趣旨と解するのが相当である。

［……］原子炉施設の安全性に関する判断の適否が争われる原子炉設置許可処分の取消訴訟における裁判所の審理、判断は、原子力委員会若《も》しくは原子炉安全専門審査会の専門技術的な調査審議及び判断を基にしてされた被告行政庁の判断に不合理な点があるか否かという観点から行われるべきであって、現在の科学技術水準に照らし、右調査審議において用いられた具体的審査基準に不合理な点があり、あるいは当該原子炉施設が右の具体的審査基準に適合するとした原子力委員会若しくは原子炉安全専門審査会の調査審議及び判断の過程に看過し難い過誤、欠落があり、被告行政庁の判断がこれに依拠してされたと認められる場合には、被告行政庁の右判断に不合理な点があるも

のとして、右判断に基づく原子炉設置許可処分は違法と解すべきである。

海保さんは「要するに、国の審査指針は専門家が集まってつくったのだから、司法としては、見逃すことのできない誤りがない限り、行政庁の判断を尊重するという内容です」と説明する。

「非常に意義のある判決で、その後の裁判を主導していくのだな、という印象を持ちました。ただ、審査指針にのっとって原子力施設がつくられたのであれば是認されるというわけですから、現場の裁判官としては手出ししにくくなる。技術的な問題点ではなく、行政処分の『適』『不適』を中心に見ていこう、となったわけです。行政訴訟だけではなく、民事訴訟にも適用される判例です。すると技術論争にどの程度、踏み込んでいいのかという難しさが出てきます」

「下級審は、最高裁の判断に影響されます。地裁・高裁の判事たちが意識するのは当然。わたしもそれを前提に判決を書きました。専門家たちがつくった審査指針であり、それに合格したというのであれば基本的には尊重するというのが前提にある。指針に合っていれば安全という評価を下していいであろうと考えた。正直に言うと、そうなりますね」

審査指針そのものを「専門家たちがつくったのだから」と信じ切るのではなく、いわば市民感覚から「このようなことは想定しなくてもいいのか」「この点は本当に大丈夫か」と疑ってみる。たとえ原告が触れていない素朴な質問でも、被告に裁判官がぶつけてみる。そういうことはできないのだろうか？

「専門家は指針について『この問題については、これだけ考えておけば足りるんだ』と自信があるはずです。しかし、司法としてはその権威に全部任せるというわけにはいかないのは当然でしょうね。そこのところの自分のスタンスとして、専門家が言っているから大丈夫ということではなく、立ち止まって合理性をもっと検討することが必要だったのかな、と思います」

「裁判官はこれから、できる限りのことを想定しないといけないという考えに変わっていけば、当然、『この点は問題はないのか』と提起していくことになると思います。そして、司法全体が安全性について踏み込んだ判断を積み重ねていたならば、審査指針は改善されたかもしれない。もしそうしていれば、あの福島の事故は防げたんじゃないかな……。これは感覚的なことなんですけど、そういう思いがあります。なかなか説明しにくいところなのですけど……」

「弱いもの」を抱えている可能性

福島第一原発の惨事を目の当たりにし、原発訴訟を担当した元裁判官として、海保さんは司法の役割を問い直している。

「この事件を担当する前に、すでに米ソで大きな事故が起きていました。スリーマイルとチェルノブイリですね。だから、原発が非常に大きな危険を内包しているという意識はあった。事故が起きたら大変なことになる、という意識は強く持っていました。スリーマイルとかチェルノブイリといった大事故にはならなくても、いわば『小さな事故』であっても、かなりの影響が出るだろうな、と。そのように原発について個人的な関心を持っていたところへ、たまたま自分が原発訴訟を担当することになったわけです。ただ、チェルノブイリなどの事故の重大さは頭で理解していても、身近なものとしての事件という認識はなかった。まさか日本で本当の大事故が起こるというようなことは……」

原子力行政の「憲法」とも呼ばれる原子力基本法の第一条には「この法律は、原子力の研究、開発及び利用〔……〕を推進することによって、将来におけるエネルギー資源

高浜原発で津波の浸入を防ぐ「水密扉」について報道関係者に説明する関西電力の担当者＝2012年12月

を確保し……」と明記してある。国策として原発を推進することが大前提なのだ。国の機関である裁判所にとって、この事実は何らかのプレッシャーにならなかっただろうか。

「それはありません。いくら国策だからといったって『ある程度は機器の不具合を我慢しなさい』とは、とても言えませんよ。いったん被害が生じたら大変なことになりますから、そりゃあもう、国策とはまったく別の話です。エネルギー政策として原発が採用されている以上、施設や機器、管理などがきちんとしているかどうかは、非常に厳しく見ていかねばならない。当然ですね。行政を、具体的には原子力規制委員会を厳しくチェックするのは司法しかないと思います」

「福島第一原発の事故は地震・津波のせいと言われていますけど、機器自体にも問題があったのかもしれない。通常の運転であっても原発というものはどこかに『弱いもの』

を抱えている可能性があります。高浜原発の訴訟はあくまでも平常運転の場合で、津波などは前提にしていません。しかし機器の老朽化や管理の不備、機器の誤作動や作業員のミス……。そういったものが現実に重なったら、どうなるか。あるいは地震が起きて、すべての電源を喪失したら致命的です。福島の事故を見たあとの原発訴訟では、これまで想定しにくかったこと、あるいは想定したくなかったことまで考えざるを得なくなるでしょう。それと同時に、差し止め請求の場合の『危険の切迫』という要件も、従来のようなメルトダウンに至る切迫した『具体的危険』という厳格なものではなく、もっとゆるやかなものになっていくと思います」

＊

東日本大震災で福島第一原発が津波に襲われた教訓を受けて、福井県は沿岸一帯の津波予測の見直し作業をした。二〇一二年九月に公表された解析結果によると、高浜原発が立っている地点では最大三・七四メートルの津波が襲う可能性がある。原発の敷地の高さは三・五メートル。津波の高さが敷地を上回り、浸水する恐れがあるという。

第二章　証拠の壁「強制力なければ、電力会社は情報を出さない」

東北電力・女川《おながわ》原発一・二号機訴訟　一審裁判長（仙台地裁／一九九四年／原告敗訴）

塚原朋一《つかはらともかつ》さんの証言

「平均的日本人」として

広島と長崎に原子爆弾を落とされ、日本は一九四五年八月一五日に終戦を迎えた。そして戦後復興に向かうなかでもう一度、放射能の恐ろしさを見ることになる。一九五四年に起きた第五福竜丸事件。米国が南太平洋のビキニ環礁でおこなった水爆実験で、危険区域から約三〇キロのところにいたマグロ漁船が「死の灰」を浴びた。

しかし、日本はこうした「被爆の記憶」を抱えつつ、それを乗り越えようとするかのように「原子力の夢」を持つようになっていく。いまは東京都内で弁護士をしている元裁判官、塚原朋一さんの幼いころのエピソードもそんな日本人の姿を物語っている。

塚原さんが生まれたのは終戦の四日前だった。第五福竜丸事件のときはまだ八歳だが、亡くなった「くぼやま・あいきち」さんという名がなぜか忘れられなくなった。無線長の久保山愛吉さんのことだ。

「放射能は恐ろしいもの、というイメージが体にしみこみました」

その一方で、小学生だった塚原さんは学校で「原子力というものがあり、人類のために役に立つ」という話を聞かされた。産業を支えるエネルギー源が石炭から石油へと移りゆく時代に、さらにその先を行くものがあるというのだ。「岩石のようなものから、すごいエネルギーを取り出せると聞いたのですよ」。それはウラン鉱石であり、原子力発電のことだった。

「原子力というのは死に神みたいなものと思っていました。ところが平和利用できるというのです。非常に不思議でした。どうやったらそんなことができるのか知りたいと思いましたね」

1945年生まれ。70年に判事補任官。最高裁調査官、東京地裁や東京高裁の判事、知的財産高裁所長などを歴任。2010年に退官し、弁護士となる

小学校の先生は生徒たちに「夢は大きく持って、がんばりなさい」と語りかけていた。塚原さんは、原子力の開発にかかわる科学者か、国の原子力政策の基本を決める原子力委員会の委員になりたいと考えるようになった。

結局はそうした道には進まず、司法の世界にひかれていった塚原さん。原子力に関して「わたしは平均的な日本人だったと思います」と語る。

「日本は世界で最も『原爆は恐い』と深刻に受け止めましたよね。ただ、平和利用について『そんなものに手をつけるべきではない』と徹底して拒んだかと言えば、そんなことはなかった。わたしもそうです。また『原発反対』の運動については価値観が違った。科学的に検討して危険だと主張するというより、思想的に受け入れられないのだろうな、という感じを持っていました。東西冷戦下のイデオロギー対立が激しい時代でしたから」

原発の平和利用は期待した。しかし本当に安全かどうか気にはなる。かといって、反

対運動とは距離を置きたい。そのように原子力に対してさまざまな思いが入り混じる「平均的日本人」――。

そんな塚原さんが、のちに女川原発訴訟の裁判長を務めることになる。

女川原発は、宮城県北東部の石巻湾を囲むように突き出した牡鹿《おしか》半島にある。周辺住民一四人は稼働中の一号機の運転差し止めと、建設中だった二号機の建設差し止めを求め、東北電力を相手取って民事訴訟を起こした。

提訴は一九八一年。それまでの原発訴訟は、国を相手取った行政訴訟ばかりだ。電力会社を被告とする民事訴訟は、これが初めてだった。

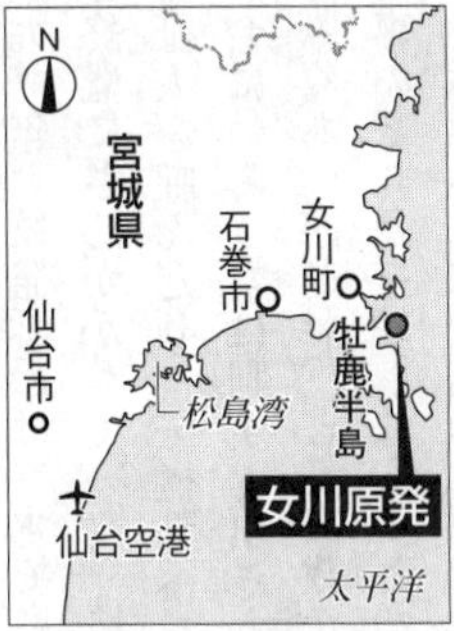

そのため裁判はまず、法律論から始まった。自分の生命や身体を守る「人格権」などにもとづいて差し止め請求ができるのか、といった問題だ。そうした入り口での議論を経て、ようやく原子炉施設の危険性や被曝の恐れ、さらには経済的な合理性などの実質的な争点に移っていった。

塚原さんが東京地裁から仙台地裁へ異動したのは一九

九一年。原発訴訟は、すでに一〇年も続いていた。前任者から裁判を引き継いだときは、終盤にさしかかっていた。原子炉の工学的な危険性といった点についてはすでに終わり、証人を呼んだり、証拠調べをしたりすべきはエネルギー政策くらいだった。「自分が仙台にいるうちに判決を出そう」。そんな計画を立てた。当時の仙台地裁は民事裁判の進みぐあいが遅い、と最高裁からにらまれていた。塚原さんは一四歳もの若返り人事で民事の裁判長を任されることになり、「新しいやり方で進めてくれ」と期待されていた。

塚原さんには初め「原告はもしかしたら、原発は常に危険だというような思想が背景にある人たちなのかな」という先入観があった。

「あちこちで同じ弁護団や同じグループが訴訟にかかわっているということを聞いていたのです。しかし、この訴訟はそういう人たちじゃありませんでした。ふつうの住民が法廷にやって来て、説明する。政治・思想的な背景のある闘いではないわけです。よけいなことは考える必要はなく、この人たちにとって本当に『具体的な危険性』があるのかどうか。それを審理するだけでした」

裁判官の席から正面に見える法廷の壁には、亀裂が走っていた。マグニチュード七・四を記録した一九七八年の宮城県沖地震の跡がそのまま残っていたのだ。それを見ながら塚原さんら三人の裁判官は、この長い「マラソン裁判」の仕上げにかかった。

立証責任はだれが

民事訴訟では原則として、訴えを起こした側に立証する責任がある。この裁判で言えば、住民らは「女川原発はこの点がこのように危険だ」と証拠で示さねばならない。抽象的ではなく、あくまで「具体的な危険」を立証する必要があった。特に次の五点だ。

①原発の運転による放射性物質の発生
②平常運転時と事故時における放射性物質の排出の可能性
③放射性物質の拡散の可能性
④放射性物質が原告らの身体に到達する可能性
⑤放射線による被害発生の可能性

この原発訴訟は、争点がとても幅広いことが特徴だった。「考えられる争点のほぼすべてにわたって本格的に争われた最初の事件」（判例時報一四八二号）といわれる。塚原さんの目にはこう映っていた。

「住民側は『これだ！』というものを握ってなかったんです。重点目標を決めておらず、『抽象的な危険性』も含めたすべてをメニューに乗せてみたわけですね。立地条件からエネルギー政策まで、すべての議論がおこなわれました。だから『原子力発電の平和利用が可能かどうかの勉強会』みたいな感じでした」

前に紹介した高浜原発訴訟では、住民側が争点を「伝熱管の破断」という危険性に絞り込んで正面突破を狙い、破断の可能性を裁判所に認めさせることができた。それに比べると、女川原発についての争点は多すぎた。住民ら原告が勝つためには、必ずしもすべての争点で立証を成功させる必要はない。ひとつでも「なるほど、原発は停止しなければ」と裁判官をうなずかせることができればよい。しかし、この裁判ではどれも決め手に欠けていた。

住民らは原発の基本情報さえ手に入れるのが難しい。そういう状況で、いったいどうやって立証すればいいのだろう。

重要なデータや証拠などは、被告である電力会社が一手に握っている。電力会社は企業秘密や安全保障上の理由をたてに、情報をなかなか出したがらない。このように情報の量と質がひどく偏っていることが、住民側の勝訴をきわめて難しくする理由のひとつだ。女川原発訴訟の弁護団に加わった松澤陽明弁護士は、専門誌でこう振り返っている。

「部外者である原告らがこれら欠陥・欠如の事実を把握し立証することは立場上も能力上も困難という原理的な問題がこの種の訴訟には付きまとっており、訴訟による救済は、『一般的な危険性』の存在ではなく『具体的な危険』の立証が必要とされるとする訴訟の枠組みから見て困難な問題が多かった」（『法と民主主義』二〇一一年六月号）

そんななかで、住民側が用いた戦術のひとつが「文書提出命令」の活用だった。これは、例えば被告あるいは第三者が持っている資料を提出するよう裁判所に申し立てをし、それが妥当ならば裁判所が提出を命じるというものだ。

「原子炉格納容器の図面といったものは、文書提出命令で東北電力に提出を命じました。ただ、図面そのものを見たからといって、どこがおかしいということはわからないわけです。問題があるとすれば、製造の段階でどこかに入り込んでいるヒューマンエラー（人的ミス）などでしょう。例えば、規格外のねじが使われるとかね。そっちのほうが問題なんですよ」

塚原さんは、すべての申し立てを認めたわけではなかった。

「原発で何かトラブルが起きると、電力会社は必ず内部向けの『顛末記《てんまつき》』みたいな事故報告書を残します。どこかに文書として存在することは間違いない。それが女川の訴訟でも、文書提出命令の申し立ての対象にされたんです。理由ははっきり覚えていませんが、わたしは結果的に却下しました。なんせ、あらゆることが争点になっています。原告は『すべて出してくれ』みたいな状況でした。『出てくれば、そこに何かネタがあるだろう』というような申し立てです。すべてを認めていたら訴訟があと何年かかるのか、ちょっと予想がつかない。ひとつ出たら『次はこれを』と際限なく続くんじゃないか、という感じでしたから」

ウソでない範囲でごまかす

結論から言えば、一九九四年一月、塚原さんは住民らの全面敗訴の判決を言い渡した。主張・立証は、どの争点についても弱かった。そのまま高裁、最高裁と進み、住民側の負けが確定する。

ただ、塚原さんたちが担当した一審では、審理の過程で住民側と東北電力の「情報格差」に理解を示し、被告である東北電力に「非公開の資料」も出すように促していた。判決は「安全だ」と言うのならば、みずから積極的に協力し、証明するよう求めたのだ。判決は次のように述べている。

右のとおり、原告らは、既に前記①ないし⑤の点について原告らの必要な立証を行っていること、本件原子力発電所の安全性に関する資料をすべて被告の側が保持していることなどの点を考慮すると、本件原子力発電所の安全性については、被告の側において、まず、その安全性に欠ける点のないことについて、相当の根拠を示し、かつ、非公開の資料を含む必要な資料を提出したうえで立証する必要があり、被告が右立証を尽くさない場合には、本件原子力発電所に安全性に欠ける点があることが事実上推定（推認）されるものというべきである。

塚原さんは「証拠に近い者が証拠を提出すべきだ」と表現する。例えば医療過誤事件では、医師のほうがカルテなどの重要なデータをすべて持っている。それと同じように、電力会社も情報を独占している。それを開示させ、いわば双方に同じ土俵の上に立ってもらう。そのうえで公平な議論をしようというわけだ。

「原発の場合はかなりの程度、公文書性が高い。ですから、安全性の管理に関して職務上つくられたものについては提出義務があると考えました」

ところが実際には、そう簡単ではない。

「被告はある程度、証拠の開示に協力しますが、完璧に出すことはないんです。一般論ですが『もうこれ以上はありません』と言われたら、おしまい。そこから先はまさに弁護士の証拠収集の腕にかかっている。自分の手と足を使って、かぎ回って、証拠を集めていく。相手にいかにウソをつかさせないか、とやっていくしかありません」

原告が用いる手法に「求釈明《きゅうしゃくめい》」というものもある。求釈明というのは文字通り、釈明を求めること。裁判長に「この点について被告に釈明を求めてほしい」と申し立てるのだ。しかし、これにも限界がある。

「こういうタイトルの資料はあるのか、こういう内容のものは存在するのか、と聞くわけです。ウソをつくと問題になりますから、被告としてはウソではない範囲でごまかそうとする。明白なウソはつかない。でも、どっちでもとれるようなことは言います。そうなると、本当のところは裁判官にはわからないのですよ。わたしも弁護士になって初めて、原告の立場から見ると、訴えられた側はこんなにも証拠を出さないのか、と驚きました。原告にとって有利な証拠が隠されているとしましょう。原告がそれにまったく気づいていなかったり、特定もされていなかったりする場合に、被告はわざわざ自分たちから証拠は出さないですね」

例えば、女川原発一号機では一九九二年に「主蒸気圧力検出器」と呼ばれる機器の管に亀裂ができて、原子炉が自動停止する事故が起きた。金属疲労による亀裂が原因だった。原告の住民らは「今日に至るまで本事象の経過に関する具体的なデータを一切公表しておらず、この秘密主義が大事故の温床となる」と主張していた。

この主張も、具体的な危険性を立証するものとしては認められなかった。しかし判決の次のようなくだりからは、塚原さんたち裁判官も東北電力の姿勢に不信感を持ったことがうかがえる。

本事象において被告が宮城県知事に提出した報告書によっても、ある程度の事象の経過・原因は明らかにされており、必ずしも各方面での検討が不可能であるということはできないし、具体的なデータの公表がないことから、直ちに本件原子力発電所の安全性が確保されないおそれがあると速断することはできないものの、原子力発電所の安全性の確保は、ひとり被告のみが付近住民や地方自治体等に知らせることなく行うべきものではなく、これらと真実の認識を共通にしてこそ、可能となるのであって、被告の右のような姿勢は非難されてもやむを得ないものがある。

米国には「ディスカバリー」という制度がある。「発見」を意味するディスカバリーとは、正式な審理に先だって、法廷の外で当事者が互いに、事件に関する情報を開示する手続きのこと。まず、一方の当事者が相手に質問状を送り、次に、特定の事項に関するすべての資料の提出を要求する。求められた側には資料の提出義務がある。これによって訴える側は証拠を集めやすくなり、「情報格差」の不公平感がやわらぐ。訴訟大国アメリカは、このディスカバリーの上に成り立っている。

日本とは大違いだ。いま、知的財産・特許をめぐる訴訟が専門の弁護士となっている塚原さんは、欧米の訴訟事情と比較して次のように述べる。

「ディスカバリーなしで、いったいどうやって裁判を闘うんだ、とアメリカの弁護士によく聞かれます。だけど日本では、被告が自分たちに都合の悪い証拠を出さなくてもいい仕組みなのですから限界があります。原発問題を争おうとしても、ふつうの訴訟の形態では、ちょっと無理でしょうね」

「原発という危険な施設をめぐる訴訟については特別に立法しないといけません。例えば『文書の絶対的な公開』といったものを検討すべきかもしれませんが、即時公開ではなくても何年後にはすべて公開する。ウソをついたらいずれバレますよ、というような制度が必要ではないでしょうか。それから、原発を建てたり稼働させたりするうえで、電力会社には行政への届け出義務がいろいろありますよね。関係者は、その届け出書類をもっと自由に閲覧することができるようにしてはどうでしょう。いずれにしても、強制力なしに私企業に対して『不利な情報を出しなさい』と求めても現実的ではない、ということです」

「社会観念上無視し得る程度」

いま、国民のあいだで「原発は止めるべきだ」「じゃあ、代わりのエネルギーはどうする」といった議論がおこなわれている。女川原発訴訟でもこうしたエネルギー論争はあった。住民側が訴える危険性と、電力会社が主張する原発の必要性がてんびんにかけられた。「平均的日本人」だったという塚原さんは、この点をどう見ていたのだろう。

右のように原子力を評価した上で、右指針では、電気事業者に対する指針として、既に計画中のものを除き、原則として、石油火力発電所の新たな建設を行わないこととし、原子力発電の導入をはじめとして、石炭火力発電、

ＬＮＧ（液化天然ガス）火力発電・水力発電・地熱発電等の導入により電源の多様化を計画的に進めなければならないと定めている。

右のとおり、我が国においては、石油代替エネルギーの中で原子力発電を最も有望なものと評価し、電源の多様化の大きな柱として原子力発電を位置付けているものであり、現在に至るもこの政策は一貫して進められてきていることは、公知の事実であって、右政策が明らかに不合理ということはできないから、原子力発電の石油代替エネルギーとしての不適格性に関する原告らの主張は採用することができない。

石油に代わるエネルギーとして、原子力は合理的――。司法として国策を後押しするように読める内容だ。このくだりを改めて読み返した塚原さんは「わたしの考えがそのまま入ってますね。その当時、わたしはそう思っていたので、原発は必要という判断はかなり明確にしました」と認める。

判決のいよいよ最後の「結論」のなかでも「抽象的には、原告らの生命・身体に障害発生の可能性のあることは否定し得ない」としつつ、次のように「社会観念上無視し得る程度」として住民らの主張を退けている。

しかしながら、電力需給の観点からして、本件原子力発電所の必要性が存在することを考え合わせると、原子炉施設に求められる安全性とは、その潜在的危険性を顕在化させないよう、放射性物質の放出を可及的に少なくし、これによる事故発生の危険性、平常運転時の被曝線量をいかなる場合においても、社会観念上無視し得る程度に小さいものに保つべき安全確保対策を講ずることによって、放射線による人間の生命・身体に対する障害の発生の可能性が社会観念上無視し得る程度に小さい場合には、原子炉施設の運転による生命・身体に対する侵害のおそれがあるとはいえないものとして、人格権又は環境権の違法な侵害に基づく差止請求を認めることはできないと解すべきである。

繰り返し出てくる「社会観念上」の根拠となるのは何だろう。この疑問に対して塚原さんは「あれは、当時のわたしの社会観念です」と答える。

「これについては、いま、反省する気持ちがあります。わたしは裁判長をしていたとき、

『なんで住民はそんなことを恐れているんだ？』『気にするのはおかしいだろう』と思っていました。その程度だったらいいじゃないかと考え、『無視し得る程度』という表現に至ったのです」

東日本大震災で福島第一原発事故が起きたのを境に、人々は放射能に対して一挙に敏感になった。それまでほとんど聞いたこともなかった「シーベルト」や「ベクレル」といった単位が、日常会話のなかに登場するようになる。福島産品だけでなく、広く北関東の農産物まで避けようとする人たちも現れた。いくら安全基準値を下回る放射能しか検出されていなくても、抵抗感のある人がいるのは事実だ。

塚原さんには息子がいて、孫もいる。その家庭ではいまでも、わざわざ北海道の牛乳を選んでいるという。

「息子たちのように、自分の幼い子どものことを考えてそういう行動をする……。これを不合理だとか不合理でないとか言ってみても始まらない。現実の経済活動がそうなってしまっているわけです。ということは『その程度だったらいいじゃないか』という、当時のわたしの感覚は相対的なものだったということになります。自分の子どもには『負の遺産』を負わせたくないという親の気持ちを思うと、わたし自身の考えも変わっていきました。社会がそうなると、原子力発電は難しい。技術的に安全性をどうするという問題ではなくて、社会心理的な意味で難しいと思うのです」

「正しかったのか」一生背負っていく

あの三・一一のとき、福島の原発が津波に襲われたとのニュースを聞いた塚原さんは、とっさに思った。

「女川、大丈夫か」

自分が裁判長としてかかわった原発が気になったのだ。あとになって、女川原発が立っている岸壁には高さ約一三メートルの津波が押し寄せていたことがわかる。原発の敷地は海抜一四・八メートル。地盤が一メートル下がり、実際の海抜は一三・八メートルとなっていた。つまり、あと〇・八メートルの差しかなかったのだ。

「かろうじて大丈夫だった。でも危険性は高かったんだなあと、ぞっとしました。それが、判決をした者としての率直な実感です」

東日本大震災前に各地で起こされていた原発訴訟で、原発が津波に襲われる危険性が争点になった例は少ない。原子炉が地震に耐えられるかどうかが争われた裁判はあっても、まさか福島第一原発のようなことが起きるとは、どの原告団もあまり想定しなかったのが実情だ。そのなかで、この女川原発訴訟は津波も争点のひとつとなった珍しい例だ。

女川原発での防災訓練。作業員は「非常用ディーゼル発電機　機能喪失」と書いた紙をかかげている＝2012年3月

原告は、三陸海岸一帯では過去に数十メートルの津波が記録されていることなどを挙げて、女川原発を「巨大津波が襲う可能性」は否定できないと主張していた。

しかし判決は、原発が立つ地点あたりでは一九三三年の地震あるいは一九六〇年のチリ津波でも最大五メートル強にすぎないという被告の主張を認めた。結局、原発の敷地の高さを超える津波の可能性については「証拠上認めることはできない」と退けた。

「わたしも見通しにおいて誤ったわけです。あそこまで高い津波が来るとは、とても予想できませんでした」

しかし、それ以上に塚原さんがショックを受けたのは人的ミスの問題だ。

「津波の大きさの議論は、もしかしたら弁解が許されるのかもしれません。千年に一度のことかもしれませんから。しかし福島第一原発の事故ではヒューマンエラーが重なっていることがわかりましたね。そんなことが起きるとは思ってもいなかった。あのヒューマンエラーは、大津波が起きる千年に一度と同じではありません。東日本大震災のようなマグニチュード九・〇の地震が起きる確率より、ヒューマンエラーが三つ、四つと重なるほうがよほど確率は高いはずです。そういうことについて、わたしは裁判官として真剣に考えていませんでした」

人的ミスをめぐる議論は女川訴訟でもおこなわれた。東京電力の福島第一原発に比べ、後発組となった東北電力の女川原発は新しい分、多重防護機能もすぐれている、と被告は自信を持っていた。

「被告の東北電力から、多重防護機能についての説明が何度も繰り返され、わたしはそれに乗ったんです。『社会的に無視し得る程度の危険性』という結論はそれによって導き出されています。でも、福島第一原発のように、ヒューマンエラーが重なるということはありますよね。そこはもう少し疑うことができたはずです。結果的には女川原発で事故は起きないのかもしれません。でも、それも確かではありません。何十年も原子力発電を続けていると、危険意識がなくなっちゃいますよね。今回の福島原発の事故はそのパターンじゃないかなと思います」

「原発をすぐにやめるわけにはいかないのはわかっています。でも、ひとつ間違ったら被害は日本だけですまないような施設をあちこちにつくってしまったわけです。しかも、テロの攻撃対象にもなりうる。そうすると原発は当面控えめに、そして、なくす方向で考えざるをえないでしょうね。ちょっとした人為ミスによって人類が途方もない被害を受けることを考えると、原子力の『平和利用』というのはあまりに危険です。『平和利用』という発想そのものが間違っていたのかな、と思います」

塚原さんは「こういうことを語るのは、わたしにとって苦痛です」と打ち明ける。

「しかし、元裁判官が話したい事件はいろいろ語り、話したくない事件を話さなかったら、アンフェアかなと思います」

一般的に裁判官は、ある判決を言い渡したとたんに、その問題への関心が薄れていく。二審判決が出ても、ざっと目を通すくらい。そう話す塚原さんは「わたしにとって、女川原発訴訟だけはそうはいきません」と付け加えた。

「この訴訟については、当時の自分に責任があるかどうかという問題を超えて……いや、責任があると思っても責任の負いようはありません。そうではなくて、これからも社会状況の変化を見届ける。社会に対してメッセージを出すべきものがあれば、こうして語る。自分の出した判決は正しかったのか、正しくなかったのかと考え続ける。そして、正しくないと結論づけたら反省する。遅すぎるかもしれませんが、そうするしかありません。法律家として一生背負っていく問題だろうと思っています」

第三章　経営判断の原則という壁

「東電のチェック体制を信頼しすぎた」

東京電力・福島第二原発三号機訴訟　二審裁判長

（東京高裁／一九九九年／株主側敗訴）

鬼頭季郎《きとうすえお》さんの証言

株主が取締役の責任を問う裁判

原発訴訟には大きく二つある。ひとつは、ここまで見てきた高浜原発や女川原発をめぐる訴訟のように、周辺住民らが電力会社を訴えるもの。もうひとつは、第一部第三章で触れた「もんじゅ」訴訟のように国側を被告とするものだ。

それらとは違うかたちの裁判がある。電力会社の株主が原発の運転停止を求め、その取締役を訴えるものだ。前例は少ないが、市民にとって大事故を未然に防ぐための可能性のひとつではある。

福島第一原発は、国際的な尺度で最悪の「レベル七」の事故を起こした。その約一〇キロ南には、同じく東京電力の福島第二原発がある。一号機から四号機まで並んでいて、いずれも第一原発と同じ「沸騰水型」と呼ばれるタイプだ。そのなかの三号機で一九八九年の一月、ある重大な事故が起きた。

このタイプの原発では、制御棒の出し入れと冷却水の増減によって原子炉の出力を調整している。冷却水は「再循環系統」の管を通って炉心をめぐる。それを制御するのが「再循環ポンプ」。羽根車の回転を速くしたり遅くしたりして、水の量を調整する。このポンプは原子炉圧力容器の外にあり、床には固定されずに圧力容器から垂れ下がるように取り付けられている。耐震設計上もあやうさが指摘されてきた（165ページの図5、図6）。

そのポンプ一台の振動が急に激しくなり、警報が鳴り響いた。しかし作業員はポンプの回転数を遅くして、原子炉の運転を続けた。ところが再び振動が激しくなったため、ようやくポンプを止めた。調べると「水中軸受けリング」という部品がはずれて破損しており、ポンプの内部に傷がついていた。羽根車の一部も欠けていた。

羽根車などの摩耗で生じた金属粉の量は約三〇キロに及び、圧力容器や燃料集合体にちらばっていることが、翌年になってわかった。「ケーシング」と呼ばれるポンプの覆いの内側にはいくつもの傷が見つかり、最大で深さ五ミリに達していた。ところが東京電力は、ケーシングの傷の部分を削って再利用しようとするなど、疑問のある計画を立てた。

これを作家の広瀬隆氏ら五人の株主が問題視した。ポンプ内の「水中軸受け」は通常運転による振動でも共振現象を起こし、軸受けを固定するボルトがはずれる可能性がある。それに加えて、このケーシングは傷口を削ることで厚さが基準より薄くなり、強度が足りなくなる結果、運転中に割れて冷却水が漏れ出す恐れがあるというのだ。

東京電力の対応は、技術的な基準を定めた電気事業法に違反しているとして、まず、とりあえずの救済措置である仮処分の申し立てをした。当時の東京電力の取締役に「三号機の運転継続を命じてはならない」と求める内容だ。これは旧・商法第二七二条にある「株主による取締役の違法行為の差し止め」などを使っている（注・現在は会社法第三六〇条）。

東京電力は株式会社だ。市民はたとえ一株でも六カ月以上持っていれば、会社に「著

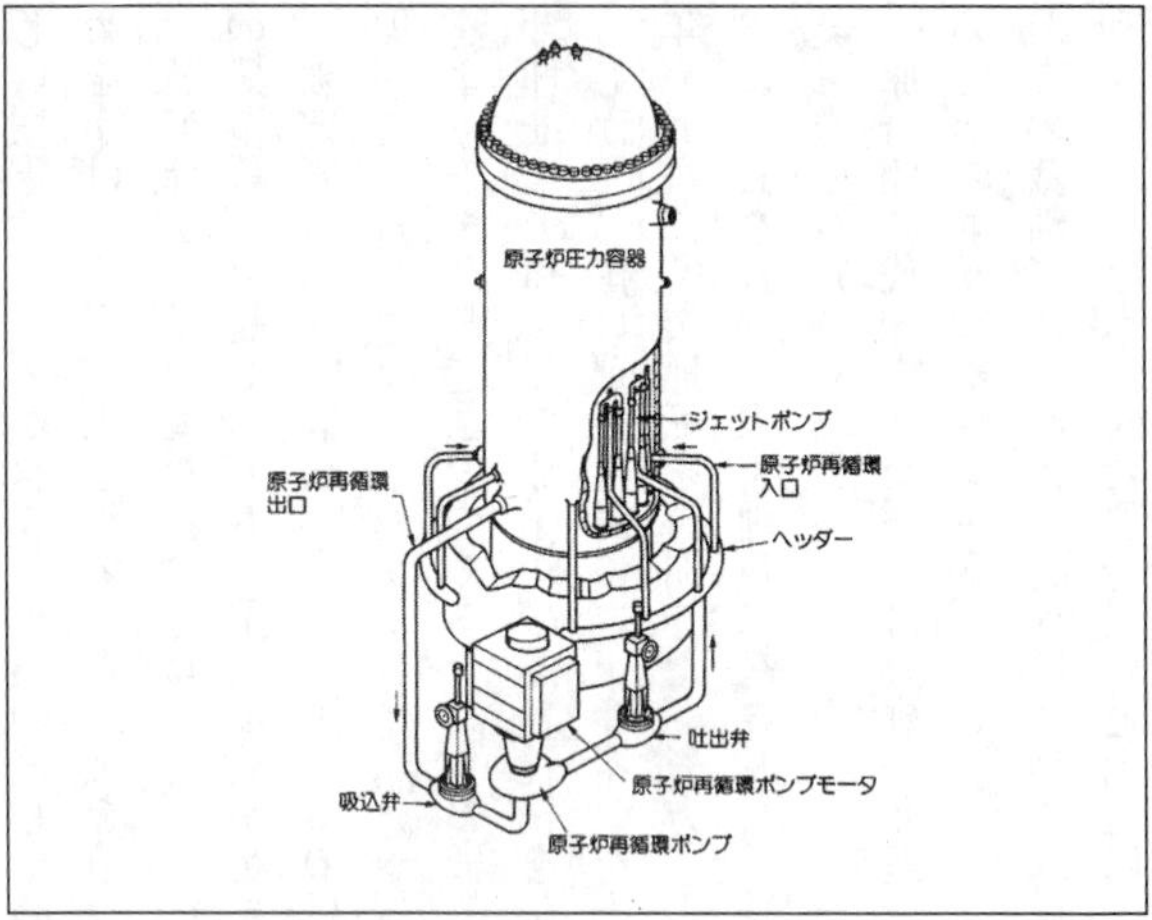

図５　再循環系統の機器

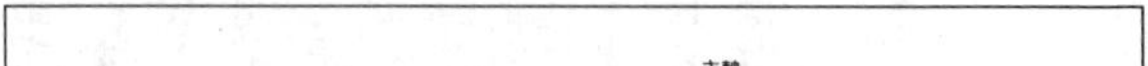

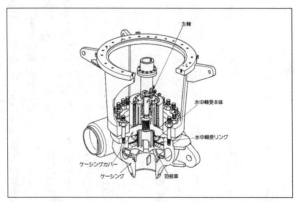

図６　再循環ポンプ＝いずれも科学技術庁原子力安全局編「原子力安全委員会月報」通巻第137号(1990年)から。参照サイト：原子力百科事典ATOMICA「福島第二原子力発電所３号機の原子炉再循環ポンプ損傷事象について」

しい損害」を与えかねない行為の差し止めを請求できる。株主には経営陣の暴走に歯止めをかけたり、重大なリスクの回避を迫ったりする権利があるのだ。

東京電力を訴えた株主たちは原発近くの住民ではなく、いずれも東京都民だ。ふつうの民事訴訟を起こしても、重大事故が起きる可能性を立証し、さらに事故による放射能の被害の「具体的危険」まで主張するのは難しそうだった。こうしたことから原告側は取締役に対して、ケーシングを新品に交換することや、「水中軸受け」と呼ばれる部品をより安全な製造法でつくられたものに替えることなどを主張した。そして、それらの工事をやり直すまで原子炉の運転継続を命じないように求めた。

しかし、国は運転再開にゴーサインを出し、東京電力は事故から約二年後の一九九〇年一二月に営業運転を再開した。一方、広瀬氏らは仮処分が認められなかったため、翌春に正式な裁判を東京地裁に起こした。結果は敗訴。東京高裁でも最高裁でも、くつがえらなかった。

原告側の代理人となった海渡《かいど》雄一《ゆういち》弁護士は著書『原発訴訟』で、この裁判の意義について次のように述べている。

「この裁判では、原告の請求は認められなかったが、ハードルの極めて高い行政訴訟を利用しなくとも、また原発から遠隔地に居住するものであっても、株式を取得すれば、

原発の安全性について争う手段があることを明確にした点にも意味があった」（同書、127ページ）

経営判断にどこまで踏み込めるか

だが、東京高裁で裁判長を務めた鬼頭季郎さんは「こんなかたちで原発の差し止めを求めること自体が特異すぎるな」という印象を持ったと語る。

「東京電力が部品の補修をする際、行政がそれを認める処分（許可）を出しています。やるんだったら、例えば、その取り消しを求める行政訴訟で争えばよかった。経営者の義務というのは、司法が介入しにくい領域です。経営判断の原則という壁がありますから」

1941年生まれ。東京地裁部総括判事、旭川地裁・家裁所長、東京高裁部総括判事などを経て2005年に退官。現在は東京都内で弁護士

それはいったい、どういう意味なのだろう。

株式会社の取締役というのは、いくらトップであっても自分の好きにしていいわけではない。あくまで会社から

経営を委任されている立場だ。経営を委任された者は民法にある「善良な管理者の注意」をもって、職務に臨まなければならない。これを縮めて「善管注意義務」と呼ぶ。いわゆる放漫経営などは、その違反の典型的な例だ。しかし、実際に善管注意義務が問われるのはむしろ、取締役としてなすべきことを怠った場合のほうが多い。会社と雇用契約を結んでいる一般の従業員とは違い、取締役はその地位に値する注意力が求められるのだ。

鬼頭さんによると、取締役の経営判断がこの義務に違反している、とされる際のポイントはいくつかある。例えば「経営判断の前提となる事実認識に重要かつ不注意な誤り」があるとき。あるいは専門家の会議を通していなかったり、取締役会でちゃんと議論していなかったりというように「判断の過程が不合理」であるとき。そして「判断の内容に著しく不合理」があるとき、などだ。

炉心を冷やすことにかかわる機器が事故を起こし、補修のあやうさが指摘される原発。その運転をさせている取締役は、こうした注意義務などを怠っているのかどうか――。これが争われた異例の原発訴訟だ。

「いまになってみると甘すぎたかな」

市民感覚からすれば、原発のリスクが指摘されるときに経営のトップはリスクをゼロにすべきではないか、と思ってしまいそうだ。しかし、実際にはそうはいかない。鬼頭さんは「取締役が会社の利益のためにリスクを引き受けるのは当然なんです」と説明する。

再循環ポンプの事故後、福島第二原発の運転を再開しようとする東京電力に対し、再開の見直しを求める人たち。脱原発の市民団体が独自の「住民投票」をおこない、福島県双葉郡の住民1万人近くが参加。「反対票」57％という結果を東電側（左）に手渡した＝1990年10月

「一般的に企業の経営判断というのは、初めは七割から八割と高めのリスクがあっても構わない。状況が変わればいつでも判断は変更できるわけですから」

しかし、業態によってはそうとは限らない。例えば銀行の融資業務に関して、資金回収のリスクが七〜八割と高いところには初めから貸してはいけない。かといって、まったくリスクがないよう求められると、業務は動かない。だから経営判断としてはリスクが五割くらいだったら許容されるかもしれない、というところに落ち着くという。

「じゃあ、原発に関してはどうか。その潜在的リスクが危機となった場合は致命的です。福島第一原発事故のように大変なことになる。いったん原子炉を設置し、稼働し始めたら簡単には変更できないわけですから、許されるリスクは初めから五割もあってはいけないわけです。いくら経営判断だといっても経済的合理性だけではなく、安全技術上の合理性を満たす必要があるわけです」

ただ、その判断をするのはだれか。取締役が直接、安全性の判断に責任を負うべきなのだろうか。

鬼頭さんは、電力会社のような大きな会社では専門の部署に判断をゆだねるのはやむを得ない、と考えた。取締役は必ずしも原発の専門家ではない。安全か危険かは、社内の専門部署と社外の専門機関による評価を受けて判断すればいい。また、取締役はその内容について完全に理解する必要はない、という。

「その専門部署に不正やごまかしがないか、監督する責任はありますよ。もっとも、それをどうやるか。実情としては、専門部署が不正なことをしないように直接コントロールするのは難しい。社内に探偵のような組織を張り巡らせるようなことまでしてチェックする義務があるかと言えば、そこまではないと考えました」

結局、高裁判決は次のように述べている。

しかしながら、代表取締役は、判断過誤を疑うべき具体的根拠がない限り、公的な専門機関の判断を再調査すべき義務はなく、また、不正を疑うべき出来事が発生するまでは、東京電力内部の専門的、技術的管理部門ないしその従業員の誠実さを信頼してよいのであって、それらのデータのねつ造、虚偽報告、判断の過誤等を疑って、自ら若しくは会社の探索機関を組織して独自に調査する義務まで、最高経営責任者の善管注意義務の一態様として負うものとはいえない。

従業員の誠実さを信頼してよい――。そう記した鬼頭さんたちの判決は、しかし、のちに裏切られることになる。長年にわたる東京電力のトラブル隠しが二〇〇二年、発覚したのだ。すでに、この裁判で株主側の敗訴が確定したあとである。原発の自主点検記録のデータ改ざん、炉心隔壁のひび割れについての虚偽報告……。会社ぐるみの不正が、次々と明らかになった。

社内調査の結果によると、不正の疑いのある二九件のうち、一六件が社会通念に照ら

トラブル隠しが発覚し、辞任会見で謝罪する東電の南直哉社長（当時）＝2002年9月

して「不適切な点が認められた」。東京電力は三五人を処分、会長や社長らが辞任した。しかし東京電力は、組織的な隠蔽《いんぺい》工作があったことを認めながら、具体的にだれの指示だったのかは明らかにしなかった。幹部の処分は、隠蔽行為を問うのではなく、あくまで管理責任というかたちにした。

「原発のデータ隠しなどが露見したのを見て、実態はこんなにだめな組織だったのかと驚きました。いまになってみると、わたしたちが書いた判決のこの説示は甘すぎたかな、と思います。信頼に値するかどうかをチェックする社内のコンプライアンス（法令遵守）体制が確立していることを前提にしているわけですから。自社の専門家の判断を尊重するだけでなく、その判断を疑ってかかるチェックシステムも必要だったのですね。この判決は二重三重のチェックの必要性を指摘していない、という点で甘すぎました」

危険性とコストを比べて

鬼頭さんはこうしたトラブル隠しの背景に、現場の作業員や幹部のあいだに「原発の運転を止めると大変なコストがかかり、会社に損失を招く」という意識も働いたのではないだろうか、と推測する。なんとか停止させられないですまそうという発想があるはず、というのだ。

「企業というものの本質から言って、コストだけかかって利益を生まないことをするのは初めから経営判断としてありえないのです。少なくともコスト以上の利益が出るということを考える。原発は定期点検でいったん運転を止めて、再び動かすのにも大変なコストがかかるんです。たしか何億円という単位ではなかったでしょうか。運転停止中も原子炉の冷却を維持しなければならず、運転再開時の検査・点検にも手間とコストがかかる。運転していれば電気という商品をつくり続けられるわけです。簡単には止められません」

では、裁判長としての鬼頭さん自身はどうだったのか。判決を書くうえで「原発はなかなか止められないものだ」という考えが大前提としてあったのだろうか。

この問いに鬼頭さんはうなずいた。

「危険性とコストを比較して、コストを上回る危険性がよほどなければ、裁判所としてもそう簡単には止められないと考えました。よほど不合理な点がない限り、電力会社トップの経営判断は尊重せざるをえない。裁判所が簡単に運転停止を命じることには、法理論上のハードルが高いのです」

「行政における例として、河川の氾濫を防ぐために堤防を高くする話が持ち上がったとしましょう。だけど、上流から下流まで全部、一定以上の高さで堤防を建設する費用と、五〇年に一度の水害が起きてから被害を補償するのとどっちがコストが安いか、と比較するわけですよ。限られた予算のなかで運営するという意味では、行政も企業も同じ。危険性とコストというのは、ひとつのてんびんの上にかける利益衡量の要素であることは間違いありません」

「もうかるか」だけでなく

鬼頭さんたちが書いた判決は、福島第二原発三号機をそのまま運転した場合に事故が起きる「抽象的危険」の可能性は一応、認めている。危険性を完全には否定できないが、具体的に差し迫った危険を認めたわけではないという意味だ。一方で、東京電力には「日本の産業、国民生活に欠かせない電力の安定供給義務」があるとし、最高経営責任者には以下のようなことを総合的に考慮して「経営的判断をせざるを得ない立場」にあると述べている。

①この原発による電力供給の必要性の度合い
②運転を停止した際、代わりの電力供給手段の確保に要するコスト
③運転を停止した際の原発の管理ないし廃炉のコスト
④原発の健全性についての信用不安が、東京電力の事業の運営全般に及ぼす影響

鬼頭さんは「これはわたしが書き入れたかもしれません」と語る。

「このくだりは、公共的な意味合いのある企業ということを説明しているのです。電力事業というのは公共のインフラ産業であるという意識がありました。そのトップである代表取締役は、本来ならば止めたほうがよいと思われる場合でもいろいろな分野での影響を考えて、ぎりぎりの判断に迷う立場に置かれるものです」

これを読み返して、東日本大震災を経た現在だったらこうは書かない、という点があるかどうか尋ねた。鬼頭さんは約二〇秒間、沈黙して読み返したあと「まあ、もう少しあれでしょうね……」と語り始めた。

「たしかに経営的判断というのは『もうかるか、もうからないか』だけではありません。ですから、いまなら、考慮すべきことを並べたなかに『運転停止あるいは廃炉をしなければ避けられないリスクの顕在化』を加えるかもしれません。それも考慮すべきこととして列記すべきだったのでしょうね。利益を追求するのが企業の基本ではあるけれど、それとは逆の要素も含めるべきだった。いかにして原発のリスクを発現させないようにするか。そのために、どのように管理・運営するうえでのコストをかけるべきか。そうしたことも経営判断の重要な要素として考慮しなければならない、と書くべきだったかもしれません」

行政は電力会社に逆らえなかった

経営トップはさまざまなコストなどを総合的に考えて経営判断をせざるをえない、と理解を示した判決の続きに、鬼頭さんたちの結論が書かれている。長い一文なので、いくつかに分けて読みやすくまとめると次のようになる。

①原発の健全性について、監督官庁である資源エネルギー庁と原子力安全委員会が専門家の調査・検討にもとづいて下した評価・判断について、その検査の過程と合格

という判断に過誤があるといった特段の事情はない
②東京電力の社長は公的な検査に合格したという結果を信頼し、それに依拠して、原子炉施設に安全上の欠陥状態はないと判断してよい
③東京電力内の専門家の判断についても、その前提となるデータにねつ造や過誤があるといった特段の事情もない

要するに、ポンプの補修に関して、国の検査にも東京電力内の専門家の判断にも、特に問題はない。社長はそれを信頼してよい。ゆえに、原発の運転を命じることは許され、善管注意義務などにも違反していないという結論だ。

「専門家らの判断を信頼していいとした点は正直、必ずしも一般論としてそうは言えなかったと痛感しています。いわゆる原子力村のなかは政・財・官・学がほとんど一体で、しかも、行政が電力会社になかなか逆らえる雰囲気ではなかった。言い訳になるかもしれませんが、そうしたことが裁判の当時はまだ明らかでなかった。はっきりしたのは三・一一後です。すると、検査そのものも、たとえ行政が『問題なし』としても疑ってみる必要があったかもしれません。株主の側がこうしたことを具体的に論証したのではなかったのですが、いまから考えると、専門家らの判断を信頼しすぎた点には問題があ

ったと思います」

この鬼頭さんの言葉は、福島第一原発事故についての国会事故調の報告書が「歴代の規制当局と東電との関係においては、規制する立場とされる立場の『逆転関係』が起き、規制当局は電気事業者の『虜（とりこ）』となっていた」と指摘したことを思い出させる。電気事業法にもとづく原発の定期検査にしても、電力会社が主体となっておこなうだけで、国は検査内容に不備がないかを点検するだけ。こうしたずさんさが浮き彫りになったのも三・一一後の話だ。

電力会社に強くものを言えない行政が、原発の運転継続にゴーサインを出す。裁判所はそれにお墨付きを与える。そうした構図が原発をめぐる訴訟全般にあったのではないだろうか。

鬼頭さんの考えは、この判決を書いた時点と三・一一を経た現在では大きく変わった。「法律家としては、経営判断の問題をどうしてもリスク・コストと利益のバランスで考えがちになります。ですが、こと原発に関してはそういう基準では通用しないのかもしれない。原発に関する経営判断というのは、これから厳しいものが求められると思います。どうしても原発が必要というのだったら、電力会社は中・短期的な利益以上のコストをかけてやる覚悟をしなきゃいけない」

「ビジネスの世界に生きる人たちにはなかなか賛同してもらえないでしょうけど、わたし自身には『ほかのエネルギーに比べて安い電力』の供給方法としての原発という発想はもうありません。国民にはそれを負担する覚悟があるのでしょうか。あるいは、そんなコストをかけてまでやる必要がないということで原発を止めてしまうのも選択肢のひとつです。もっとも炭酸ガス排出などの削減という地球環境の保全など、人類の将来世代のための利益とのバランスを考える必要もありえます」

原発訴訟のあり方は、これから変化が出てくると予想している。

「電力会社の立証責任についても厳しくなるでしょう。経営判断をめぐる訴訟の場合、ふつうは原告側が立証責任を負いますが、これからの裁判所は、訴えられた電力会社のほうに最後まで立証責任を負わせるようになっていくのではないでしょうか。たとえトップの経営判断であっても、判断の『過程』『内容の合理性』をより具体的に立証する必要に迫られるはずです」

「また、これまでは原告に『具体的・現実的危険』があることを立証するよう求められていたため、勝つことはなかなか難しかった。しかし今後は『具体的かつ想定可能な範囲の危険』があることを立証できればよいという、ゆるやかな基準になることも考えられます。原子炉の設置を認めた行政処分をめぐる訴訟でも、裁判所は『著しく不合理』という基準ではなく、『不合理』と認められるなら取り消すという基準に変わっていくかもしれませんね」

第四章　心理的重圧の壁

「だれしも人事でいじわるされたくはない」

東京電力・柏崎刈羽原発一号機訴訟　一審裁判官

（新潟地裁／一九九四年／原告敗訴）

西野《にしの》喜一《きいち》さんの証言

「報告事件」の黒いゴム印

ここまで、裁判官の前に立ちはだかる壁について、いくつかの例を見てきた。高度な科学技術ならではの壁、被告が隠したがる情報を出させるうえでの壁、さらには「電力供給は公共的なものなので原発は簡単に止められない」とする経営判断の壁もあった。

新潟大学大学院の元教授で、実務法学が専門の西野喜一さんは「原発訴訟でほとんど住民側が敗れるのは、いまの訴訟法が国策を争うようにはできていない、ということが第一の理由です」と話す。

「三・一一後、原発は危険なものとよくわかりました。だからといって、いまの司法システムで『なぜ裁判所は原発を止められなかったのか』とか『これからの裁判所は原発停止を！』と言うのは、ないものねだりです。そもそも訴訟というのは、政策をじかに判断する場ではありません。裁判所は個別の事件について違法かどうか、という点しか見ることはできないのです」

その一方で、西野さんは意外なことを語り始めた。裁判官たる者、証拠とそれを用いた立証だけから結論を導き出す。それが前提としつつも「それ以外に判決を左右する要素があるんです」と言うのだ。

西野さんは元裁判官だ。

一九八六年から九〇年まで新潟地裁にいて、柏崎刈羽原発一号機をめぐる裁判の審理に加わった。住民ら約二八〇人が国を相手取り、原子炉の設置許可を取り消すよう求めた行政訴訟だ。西野さんがかかわったのは赴任直後の二年間だけで、判決が書かれる前にこの裁判からはずれた。裁判長でもない。もう三〇年近くも前のことでもあり、審理そのものは印象が薄い。

しかし、ある一点については、いまでも覚えている。それは事件ごとに束ねられた「訴訟記録」の表紙だ。

口頭弁論をおこなうたび、その日はどのような手続きをしたかを記録した調書がファイルにはさみ込まれていく。証人尋問の調書を収める部分はファイルの後ろのほうに別にわけてある。審理が進むにつれて記録は分厚くなり、一冊に収まりきれないときは分冊される。大型裁判では数十冊になることもある。

西野さんによると、当時はファイルの表紙の上半分のまんなかに「○○事件」といった事件名があり、下半分の右には原告の名、その左に被告の名が記されていた。

そのファイルの表紙にゴム印で「報告事件」と押されているものがあった。印は黒色で、ほんの数センチの大きさだ。原発訴訟の表紙にも押されていた。

報告事件はありふれた事案とは違い、最高裁に別途、報告することになっているものだ。西野さんの記憶では、原発訴訟など国が被告となる事件のほか、国家賠償訴訟、大きな薬害訴訟や公害訴訟も同じ扱いだった。

ファイルの右上の隅には事件番号が書かれている。地裁で扱う通常の事件は、毎年一

1949年生まれ。75年に判事補に任官、東京地裁、名古屋地裁、新潟地裁などで判事補、判事を歴任。90年に退官、新潟大学教授となる。2004〜14年、同大大学院教授

月に「昭和〇年（ワ）一号事件」「平成〇年（ワ）一号事件」というように始まる。しかし行政事件は「ワ」のところが「行ウ」と区別されていた。

「早い話が、報告事件とは行政権力が関心を持ちそうな事件のすべて、ということになりますね」と西野さん。裁判官になって五年目には東京地裁の労働部にいた。国歌斉唱拒否を理由にした教職員の処分事件なども扱われるところだ。そこでは全部が報告事件だった。

「だから、あのゴム印は見慣れています。新潟で原発訴訟のファイルを見たときも気になりませんでした。しかし、地方の支部や家裁から地裁に来て、初めて『報告事件』というものを担当する人のなかには、心理的な圧力を感じる人がいるかもしれません」

「報告事件にもいくつか類型があるようでした。ひとつは『こういう事件の提起がなされた』あるいは『こういう判決となった』ということだけを報告すればよいもの。そのほかに、毎回の期日ごと、どんな書面のやりとりをしたかという内容まで報告するもの

があったと聞いています。最高裁への報告事務は書記官がするので、どういう分類になっているのか詳しくはわかりませんが、原発訴訟は間違いなく後者だったでしょうね」

なぜ司法が行政を気にするのか

最高裁はメディアに対して、その目的を「統計を残すため」と説明している。しかし、司法・立法・行政という三権分立のもと、行政にからむ事案を司法が気にすること自体がおかしくないのだろうか。ほかの裁判と同じように淡々と審理すればよいはずだ。

「最高裁は、行政権力の関心を忖度《そんたく》して下級審に報告させていたのだろうと思います。『忖度している』というのはわたしの想像であり、本当にそうだと断定する根拠はありません。三権分立ですから、本来、そのようなことを気にする必要はないのです」

「しかし、なぜ最高裁が特にこうした事件について、その存在や内容について関心を持つのか。おそらく、行政権力との関係を気にしているからではないでしょうか。行政訴訟で国側が次々と負けて、行政が司法に対して『良い感情』を持たなくなるのを恐れる、ということがありそうです。それは困るので、途中経過を知りたがるということでしょう」

西野さんは、司法が行政との関係を気にするのは二つの理由があると指摘する。ひとつは、あまり行政とあつれきを起こすと予算配分などに影響があるのでは、という恐れだ。

もうひとつは、司法を運営している最高裁の中枢に根強い「保守的な考え方」があるという、より本質的な問題だ。これについては背景説明が必要かもしれない。

一九六〇年代後半から七〇年代にかけて、自民党や右翼ジャーナリズムは激しい「左翼偏向」キャンペーンをおこなった。例えば、護憲運動を展開する「青年法律家協会」（青法協）というリベラルな集まりに対して、「容共団体だ」といった批判を浴びせた。最高裁が一部の修習生を裁判官に採用しない「任官拒否」問題も起きる。拒否されたのは、青法協に加わっている者が中心だった。

当時の石田和外《かずと》最高裁長官が青法協批判を鮮明にするなか、七一年、「宮本判事補再任拒否事件」が起きた。裁判官の任期は一〇年で、任期終了ごとに再任される。ところが、最高裁が青法協会員の宮本康昭判事補の再任を拒否するという事件が起き、大きな社会問題となった。最高裁は理由を明らかにしていないが、各方面から「思想・信条を理由とするものだ」との声があがった。

これが「司法の危機」と呼ばれた時代だ。以来、判決への消極性や裁判所内での言動に萎縮する傾向が目立つようになったとの指摘もある。

官僚組織のなかの「生身の人間」

西野さんは、世界を見渡すと裁判官のあり方にはいくつかのかたちがあると見ている。ひとつは「裁判官が政治家である国」。例えば米国のように、一部の裁判官が有権者による直接選挙で選ばれる国だ。政党に属していない者は珍しく、選挙運動が繰り広げられる。人事権者はいないから、住民の支持さえあれば恐いものはない。米国ではさらに、連邦裁判所の裁判官は、大統領からの任命で一本釣りされる。下級裁判所から上級裁判所へ抜擢されることはあるが、昇進や転勤はない。

あるいは「裁判官が労働者である国」。例えばドイツでは、裁判官も団結権や団体交渉権を持つ。人事権を握る者はいるが、労働組合とのあつれきを避けようとするため、転勤命令などは簡単ではない。

そして、日本のように「裁判官が官僚である国」。西野さんは「国家側の一員である官僚の特性として、国策への親和性があります。国策に正面から反対する発想はなかなか持ちにくいのです。特に、国民の審判で選出された数百人の国会議員が決めた政策を、国民から選ばれたわけでもなく、国民に対して責任を負うこともない三人の裁判官が止めることができるのか、という問題がありますね」と語る。

日本の官僚機構には人事権を握る者がいる。司法の場合は最高裁であり、昇進や転勤はシステム化され、報酬は判事だけでも低い順に八号から一号までである。途中のランクで終わる人もいる。出世競争に参加する裁判官は、どうしても人事権者の意向に敏感になりがちで、政治的な争点を含む事件には慎重あるいは臆病な傾向がある、と西野さんは見ている。

裁判官のなかにはエリートコースを突き進む者がいる。そうした一部の人は別にして、一般的に裁判官はどのような道を歩みたいと考えるものだろうか。

西野さんによると、家事事件や少年事件に使命感を見いだして、ずっと家裁をやりたいという人もいる。しかし、そういう人は少なく、やはり民事事件や刑事事件をやりたい人のほうが圧倒的に多い。

「そして『地裁か、高裁か』ということで言えば、むしろ地裁のほうこそ本当の第一線という感じがあるわけです。地裁は訴状一通から事件をつくりあげていきます。ゆげを立てている事件を指揮したい。そのほうがずっと面白い。そんな感じなんです。ふつうに昇進すれば五〇歳くらいの年齢だと、地裁なら裁判長を務めます。陪席を従えて指揮するわけです。しかし、高裁ならまだ陪席として起案（判決原案）を書いて、裁判長に直してもらう段階。みずから高裁に行きたいと望む人は少ないのではないでしょうか」

「地裁の所長になろうとか、高裁の長官になりたいとか、そういったことを考えない人であっても『人事でいじわるされたくはない』という思いは、当然あります。そんなに偉くならなくてもよいと思っていても、次の人事異動で『最果ての地に行ってくれ』と言われることは避けたいわけです。東京で暮らすのと、いわゆる僻地で暮らすのでは生活事情も違う。まして、子どもが受験期だったりしますと『そういう不都合はなしですませられるのなら、そうしたい』と思うのが人情だと思います。生身の人間に『そんなことは考えるべきではない。左遷覚悟で自分の良心を貫け』と期待するのは無理ではないでしょうか。また、自分の良心を貫いた判決を出しても、それが上級審で破棄されれば、当事者に時間と労力を浪費させただけで、結局、だれのためにもならなかった、ということにもなります」

行政を負かす判決はプレッシャー

西野さんの研究テーマは「証拠外の事実認定」というものだ。判決を決める要素は、建前としては証拠と法律とされている。しかし西野さんは、証拠以外の要素で判決が変わることがあるというのだ。

「そのような判決の過程について、ふつう、裁判官は話しません。退官したあとも言わないはずです。『あってはならないこと』なので、ないことになっているのです。ただ、肝胆相照らす仲になって、一緒に酒を飲むくらいの信頼関係ができると『実はね……』と打ち明けてくれることがあるんです」と言い、先輩の裁判官からずいぶん前に聞いた話を紹介した。

それによると、ある損害賠償事件で、被告が加入している保険会社が「和解で任意に払うことはできないが、判決で払えと言われたら、保険から賠償金を払う」と和解の席で明言した。ここでは詳しく書けないが、裁判官はさまざまな事情を考慮し、原告勝訴の判決を言い渡した。もともと常識的には、原告の負けか、せいぜい和解となるパターンの事件だ。判決には一切、保険の話は出てこない。つまり「証拠外」で事実認定がおこなわれたわけだ。

「こういう例は、実はときどきあるんです。わたし自身にもあります。それを話していいものか、まだ自信はありませんが……」

裁判官の判断過程というものをもう少し、現実的な視点から検証する必要はないだろうか、というのが西野さんの問題意識である。裁判官も「生身の人間」。証拠以外に判決に影響を与えるものが実際にはあり、無視できないほど重要ということはないか。その大きな要素が人事異動であり、処遇だと指摘する。

「行政事件や労働事件、国家賠償事件、公安事件などで、国家の意思にそぐわない判決を出すと、自分の処遇にどういうかたちで返ってくるだろうか。そのように考えるのは組織人として自然なことです。原発は国策そのものである、という事実が裁判官の意識に反映することは避けられないと思います。無難な結論ですませておいたほうがいいかな、と思うことは、可能性としては十分にありえます」

西野さんは新潟地裁の前、名古屋地裁にいた。その際、「東海地方予防接種禍」集団訴訟という国家賠償訴訟を担当している。種痘や百日ぜきなどの予防接種によって亡くなった子どもたちの家族や、重い後遺症を負った子どもとその家族、計六三人が損害賠償を求めて国を訴えた裁判だ。

西野さんはこのとき主任裁判官。判決の原案を書き、裁判長に渡した。種痘の年齢引き上げの行政指導を一九六九年一〇月までにするべきだったのに「無為に」放置した――。国の過失を一部認め、一五家族に合わせて約九億円の賠償を認める判決である。

一九八五年のことだ。

「わたしのように『報告事件』のゴム印が気にならない者にとっても、予防接種行政を正面から批判して行政側を負かせるのは事実上のプレッシャーでした」

原発訴訟ではないが、その渾身の判決の一部を引いてみよう。国側が主張する「時効」を否定したくだりだ。

これらの被害児は伝染病のまん延を防止するという公益目的のためにその意思にかかわらず物心もつかないうちに強制的に予防接種を受けさせられ、その結果ある者は短い一生を終えなければならず、その余の者はその後家族共々《ともども》長く重篤な後遺症に呻吟《しんぎん》する事態となった。〔……〕他方その余の大多数の国民はその予防接種によって伝染病のまん延を免れ、健康を享受していること、本件被害児らの貴重で痛ましい犠牲の上にその後のワクチンが改良されてその後の国民が更にその恩恵を受けていること〔……〕等が特に強調されなければならない。このような事態の下にあっては、被害者の救済は全国民すなわち被告国の責務でなければならず、単に時間が経過したとの一事をもって被告がその義務を免れるとするのは著しく正義に反し、到底許容できないものである。

「国策の推進という方針に沿った判決を書くのは、心理的に楽ですよ。反対に、たとえ国策ではない事件でも、行政を負かせる判決はある程度のプレッシャーになります」

ならば、国策中の国策である原子力政策について、ブレーキをかけるような判決を書くのはどれほどの重圧なのだろうか。

自由にものが言えないこともある

ところで三人の合議で審理する際、明らかな上下関係のなかで、陪席は裁判長に対して異なった意見も遠慮なく主張することができるのだろうか？

「建前としては地裁でも高裁でも、三人等しく一票です。裁判長の票が重いということはありません。しかし、実際には裁判長の人柄や個性でずいぶん、ようすが違うのです。柔軟な人か、それとも、あくまでおのれの意見を貫こうとする人なのか。わたし自身『この裁判長にはものを言いにくい』という経験があります。他方、陪席が自由にものを言える雰囲気をつくることを大事にし、積極的に意見が出ることを歓迎する裁判長もいる。裁判長一人と陪席二人で意見がわかれた場合に『お二人がそうなら、それでいきましょう』と言う人もいました」

裁判官の人事評価は、所属する家裁・地裁の所長や高裁長官がおこない、最高裁に報告することになっている。所長らは一九九八年まで「裁判官考課調査表」というものに裁判官たちの評価を書き入れ、最高裁に送っていた。例えば、事件処理能力の「正確性」の項には「非常に正確」「普通」「普通以下」という三段階があり、チェックマークを入れるようになっている。「法廷の処理」の項には「適確」「普通」「未熟」とある。このほか「人物性格の特徴」といった自由記入欄などもあった。

地裁所長や高裁長官は、若い裁判官のひとりひとりの能力まで把握するのは難しい。西野さんは「わたしは裁判長になる年齢まで勤めていませんけど」と断りつつ、若手の評価については裁判長の主観が大きいはずだ、という。

「あまり裁判長に楯突くようだと、人事評定に影響することがありえるでしょう。裁判長が『おれの言うことをよく聞いてくれる、かわいいやつだ』という目で見るか『おれの意見にしきりに楯突く、かわいくないやつだ』と見るか。本来あるべきは、たとえ意見が違っても『よく調べたうえで、恐れずにものを言う。なかなか骨のあるやつだ』という姿勢です。しかし、それぐらい人間のできた裁判長はどれほどいるのでしょうね」

千葉大学の新藤宗幸名誉教授の著書『司法官僚』は、考課調査表の自由記載の例として最高裁が各地の所長に配ったものを紹介している。なかには次のようなものもある。

「民事左陪席を三年やったが、問題点の発見、資料の調査方法も教えられたのに上達せず、難件を逃げようとする態度が見えるといわれ、四月から移った刑事部では、着眼点、観察力に鋭いところもあるが、やや粗雑とみられている。特例がついても、プロとしての意識がない。支部長や総括の注意を素直に聞かない。今後とも、これらの面について強力に指導していく必要がある。特例判事補として水準以下である」(同書、132ページ)

極秘	期 (平成　年　月　日)		裁判官
官職	本官 / 兼官	氏《ふり》名《がな》	年　月　日生(

執務能力	事件処理能力			
	正確性	速度	法廷の処理	職員に
	□非常に正確	□迅速	□適確	□すぐ
	□普通	□普通	□普通	□普
		□遅い		
	□普通以下	□事件を溜める	□未熟	□能力

健康			該当項目に対する詳細な事由
	□頑健	□やや虚弱	
	□普通	□執務にたえない	

裁判官の考課に使われていた調査表（部分）。左上に「極秘」とある＝新藤宗幸『司法官僚』（岩波新書）から

　ちなみに「特例判事補」というのは、実務経験が五年以上の判事補のうち、最高裁の指名によって判事と同等の権限を持つ者だ。

　西野さんが新潟地裁にいたころは、評価が本人に知らされることはなかった。自分の評価は事実上、言い渡される異動で知るしかなかった。

「わたしが裁判所にいたときも『次はあそこに

行ってくれるか』という転任交渉はありました。建前としては交渉ですけど、疲れ果てます。異動を拒否しようとすると、その後ずっと人事でいじわるをされますので、実際は拒否できないのです。自衛隊は憲法違反だという判決を出した結果、その後、周囲もあきれるほど干された人もいました。もっとも、裁判官も生身の人間ですから、なかには無能な人もいます。ですから、適正な人事評価が必要であることを否定するつもりはありません」

いまの人事評価制度では、本人の面接が必須で、裁判官が求めれば評価書は開示される。不服申し立てもできることになってはいる。ただ、すべてが公正な人事かどうかは不透明だ。

「最高裁は常に『適材適所だ』と説明するだけです。明らかに左遷であっても、行政訴訟で国側を負かせたことが理由だ、などとは絶対に認めませんから」

日本国憲法第七六条は「すべて裁判官は、その良心に従い独立してその職権を行い、この憲法及び法律にのみ拘束される」と定めている。政治的な権力や裁判所内部の上級者からの指示などにはしばられず、ひたすら法に向き合って職務を果たすことが期待されている。だが、現実はどうやら、きれいごとばかりではなさそうだ。

「これまで住民側を負かせた裁判官たちが、おのれがかわいいからそうしたのだ、と言うつもりはまったくありません。システム自体の問題を個人の責任に帰するのは間違いです。ただ、だれしも人事でいじわるされたくはない。任期切れの一〇年目に『ご苦労さまでした』と再任拒否もされたくない。そういうことが心によぎる可能性は否定できないと言っているだけです。そういう世界での人間模様がいろいろあることを知っていただきたいと思います」

第三部

変わらない司法、変わる司法

第一章　最高裁「奥の院」で何が起こったのか

第一節　くつがえされた高裁の「もんじゅ」判決

「やっぱりだめか」

二〇〇五年五月三〇日、最高裁第一小法廷で泉徳治裁判長は、もんじゅ訴訟上告審の判決を言い渡した。

【主文】原判決を破棄する。

被上告人らの控訴を棄却する。

もんじゅ最高裁判決に抗議する原告団

住民側を勝たせた名古屋高裁金沢支部の判決を取り消すという結論だ。

「やっぱりだめか」

すでにその年の三月に熊本家裁所長を最後に依願退官していた川崎和夫さんは、この判決を報道する新聞記事を読んでこう思った。高裁判決を書いた元裁判長だ（86ページ参照）。

「最高裁がそう簡単に、国を負かす判決を支持するとは思えないなという気はしていました。だけど、軽水炉と違って高速増殖炉というのはこんなに危険なんですよ、ということを判決理由でかなり強調していたわけです。これでもかこれでもか、というくらい、その危険性を書き込みました。世界の主要国でも開発をやめているんですよと。それを読んで最高裁も少しは考えてくれるかなあ、と期待していた一方で、そう簡単ではないだろうなとも思っていました。最高裁判決には不満はあるけれど、当時の日本の大勢からすると、まあ、しょうがないのかなあ」

最高裁判決への感想を語る川崎さんの言葉の端々には、約一年にわたり原告側・被告側双方の専門家に質問をぶつけて考え抜いたうえで書いた渾身の判決をあっさりとくつがえされた無念さがにじんでいた。

最高裁判決は判決理由で、川崎さんが書いた判決（以下、川崎判決）が「看過し難い過誤、欠落がある」と指摘した「二次冷却材漏えい事故」「蒸気発生器伝熱管破損事故」「炉心崩壊事故」の三つの事象の安全審査について、みずから検討を加えた結果、いずれの点についても「原子力安全委員会などの安全審査を不合理なものということはできない」として、安全審査の過程に「看過し難い過誤、欠落があるということはできず」、「この安全審査に依拠してされた本件処分に違法があるということはできない」と述べた。

この判決に対し、原告団などは連名で「行政の判断の尊重を口実にして極端な行政追随を行うものであり、司法のあるべき姿とは大きくかけ離れた不当なものであって、我々は強く抗議する」との声明を発表した。

いま「脱原発弁護団全国連絡会」の共同代表を務めている海渡《かいど》雄一《ゆういち》弁護士は、もんじゅ訴訟原告弁護団の一員だった。三〇年以上にわたって原発訴訟に携わってきた海渡弁護士はこの判決について次のように見ている。

「高裁の事実認定に疑問があると判断したのであれば、破棄差し戻しをして審理をやり直させるという方法もあったはずです。結局、最高裁は『理論はどうでもいいから、とにかくどんなことをしても国側を勝たせるんだ』というメッセージを下級審の裁判官に発したのだと思います」

安全論争に踏み込んだ法律審

本来は事実問題を扱う事実審ではなく、法律問題を審議する法律審であるはずの最高裁が事実認定の問題に踏み込んだことにも、法学者から疑問の声が上がった。

京都大学の高木光教授（行政法）は、判決の翌年発行された法律雑誌「民商法雑誌」（一三三巻四・五号）の判例批評で、こう批判している。

「その内容は、最高裁判所がどのような理論的立場を示すかを最大の関心をもって注目してきた者からすれば『期待はずれ』」

「このような『総論なき各論』という構成は、法律審としてはやや奇異な印象を与える」

「審査方式について様々な議論がなされているのであるから、法律審としては何らかの

『理論』を示すのが『見識』というべきではないだろうか」

これについて高木教授は改めて、「川﨑判決は、結局、自分で安全性を判断して原告を勝たせたわけですが、これは、伊方最高裁判決が言っているやり方とは違うのです」と語る。「伊方最高裁判決」というのは、第二部で述べたように「原子力委員会若しくは原子炉安全専門審査会の調査審議及び判断の過程に看過し難い過誤、欠落があり、被告行政庁の判断がこれに依拠してされたと認められる場合には［……］右判断に基づく原子炉設置許可処分は違法と解すべき」という裁判所の司法審査のあり方を示した判決だ（134ページ参照）。

「だから、最高裁は『伊方のやり方できちんとやりなさい』と差し戻すのが筋でした。ところが最高裁は中身に踏み込んで『これで十分安全だ』と言わんばかりの判決をしたのです。わたしの目から見ると、いままでのルールである伊方と違うことを川﨑判決も最高裁判決もやっていることになります。伊方は、『生《なま》の安全論争はやめましょう』というメッセージを送っていたはずです。しかし、そのメッセージをお互いに受け止めず、川﨑判決に続き最高裁も生の安全論争に踏み込んで、国側を勝たせたということになっている」

「伊方のやり方が金科玉条ではないので、それが正しいかどうかも含めて検討して、新しい理論的な枠組みを提示したり、伊方にのっとりつつ新たな審査方式を付け加えたりということが最高裁の役割だと思います。しかし、そのどちらもしていない。伊方方式ではあまりにも行政側に有利である点が問題だということなら、それを少し原告側の不満が汲み取れるような方向に軌道修正するとか、それはそれで理解できるのですが。そういう意味では、最高裁みずからが『生の安全論争』に入り込んでしまった点が期待はずれでした」

川﨑判決を「生の安全論争」に踏み込んだ判決と見るべきかどうかについては、学者や実務家の間でも議論が分かれるところだ。しかし、もんじゅ最高裁判決が、川﨑判決を否定するため、「生の安全論争」に踏み込んでいることについては、疑問の余地がないように見える。

また、もんじゅ訴訟を長くウオッチしていた早稲田大学法科大学院の首藤重幸教授（原子力行政法）は、判決翌月に朝日新聞のインタビューに答えて「もんじゅの運転を早期に再開するべきだとの政治的な判断があったのではないか」と話している。今回、わたしたちの取材に対しても「最初から結論ありきで書いた判決のように思える。判決理由も国側の主張をそのままなぞっただけのような書き方をしている印象を受ける」と述べた。

なぜ「差し戻し」ではなかったのか

判決は、次の五人の判事の全員一致の意見で下された。

泉　　徳治　職業裁判官出身（元東京高裁長官、元最高裁事務総長）
横尾　和子　行政官出身（元社会保険庁長官、元厚生省老人保健福祉局長）
甲斐中辰夫　検察官出身（元東京高検検事長、元最高検次長検事）
島田　仁郎　職業裁判官出身（元大阪高裁長官、元仙台高裁長官、のちに最高裁長官）
才口　千晴　弁護士出身（元東京弁護士会副会長）

それぞれの分野で功成り名を遂げたエリートばかりだ。五人の間で、いったいどのような議論が交わされたのだろうか。

この五人全員に取材を申し込んだが「『取材は受けない』という申し合わせをしていますので」などと、すべて断られた。なぜ、そこまでかたくなに口を閉ざすのだろう。

しかし、さらに取材を進めるなかで、かつて原発訴訟を担当した経験がある元最高裁判事のAさんに話を聞くことができた。Aさんはその審理を通じて、原発や原発訴訟のあり方について深く考えるようになり、もんじゅ最高裁判決についても強い関心を抱いた。「一般論ですが」と断りながらも、Aさんは最高裁の立場について語った。少し長くなるが、この判決を考えるうえで一助になると思われるので、耳を傾けてみたい。

――この判決について、訴訟関係者や学者の多くが「破棄差し戻し」を予測していました。なぜ差し戻しではなく、みずから判決したのでしょうか。

「差し戻すということは、下級審に相当な負担を負わせることになります。最高裁としては、差し戻して原審に負担を与えるのは『ここが足りないからもう一度考え直しなさい』とか、足りない部分があって事実関係の取り調べをもう一回やってほしい場合はやむを得ず差し戻します。しかし、事実関係も記録に表れた範囲で判断が可能である場合は、あえて差し戻しまではしないのです。『ここが調べが足りないよ』というところが見えている場合は、最高裁は新たに調べをすることはできないので差し戻しますが、記録で判断できる場合は差し戻しません」

「最終的に許すべからざるほどに危険性が高いものなのか、安全が相当程度保証されていて、法律で求められている基準に達しているのかどうか、が裁判の対象ですから。すでに記録に出ている事実関係で判断すれば、法律の要件は満たしていると思われる限り、差し戻しはしないということです。ただし、法律で求められている基準が甘すぎるとかいう問題になると別ですが……」

つまり、差し戻して新たな調べをしなくても、最高裁で判断できるから自判したということだろうか。

最高裁ではすべての原発訴訟について、住民側の負けが確定している。「行政寄り」との批判に対してはどう思うのだろうか。

「裁判所の守備範囲は限られていて、政策決定は裁判所がするわけにはいかない。国の根幹にかかわる政策は国民全体の意思で決めていくべきことですから、国会が決めるべきです。民主主義が十分機能して、国民の多数意見が『やはりエネルギー確保は大切だから、原発は必要だ』ということなら、それに従うべきだと思います。だから、その是非の判断を裁判所に求めるのは限界があるという感がします」

――もんじゅの最高裁判決は全員一致でした。もし当時、第一小法廷にいたら、少数意見や補足意見を書こうという気持ちになりましたか。

「わたし個人の意見としては『原発は危ないものだから』といったようなことを何らかのかたちで書きたいと思ったかもしれません。しかし、それは事件の本論とは関係ない傍論ですから、そう考えたとしても避けなければいけないと思います」

――この判決はその後の下級審にどのような影響を与えたと思いますか。

「それ以降、下級審は少なくともあの判決の範囲内で物事を考えることになるでしょう、あのような最高裁判決が出れば。そういう意味では、その後の事件への影響は大きかったはずです」

――福島第一原発の事故を経て、いまはどう思いますか。

「事故から教訓を得ないとね。あれだけの犠牲を払ったんですから。反省すべき点は反省しなければならないと思います」

原発建設を止めた例と何が違う

ところで、あまり一般には知られてはいないが、もんじゅ最高裁判決の一年半前に同じ第一小法廷が、ある原発の建設計画のゆくえを左右する決定を下したこともある。もんじゅ最高裁判決の背景を知るうえで、ひとつの重要な手がかりになりそうなので、少し説明したい。

その決定は、二〇〇三年一二月に下された。事件は、新潟県巻町（現・新潟市西蒲区《にしかん》）に東北電力が建設を計画した原発の予定地内にあった町有地の売却が有効かどうかをめぐる訴訟だった。

話は一九七一年にさかのぼる。この年、東北電力が巻町における原発建設計画を発表した。町議会は七七年に原発誘致を決議。八二年に原子炉設置許可申請が受理され、そのまま建設が進むかに見えた。

ところが、九四年に原発反対派の町民を中心に「巻原発・住民投票を実行する会」が結成され、九六年一月の町長選に「実行する会」の笹口孝明代表が出馬して初当選。同年八月に原発建設の是非を問う国内初の住民投票が実施され、反対票が一万二四七八票と、賛成票の七九〇四票を大きく上回った。こうした結果を踏まえて、笹口町長は九九年、原発予定地内にある町有地を原発反対派住民に売却した。

これに対し、反町長派の町議らが「町有地売却は一般競争入札が原則で、原発建設反対という住民投票の結果を反映させることを目的とした随意契約による売却は無効」などとして二〇〇〇年、町長らを相手取って契約無効を求めて提訴した。一審の新潟地裁は〇一年、「住民投票の結果にもとづいて原発計画を推し進める余地がないようにした町長の判断は不合理とはいえず、裁量権を逸脱・乱用していない。随意契約で売却したことは違法とはいえない」として請求を棄却した。東京高裁も〇二年、一審判決を支持する判決をしたため、原告が上告して、争いの舞台は最高裁に移された。

訴訟関係者によると、原発推進派が「原発反対はイデオロギー論にすぎない」「日本にはエネルギー資源が少ないのだから、原発をどんどん推進しなければいけない時代に何を言っているのか」「町長が自分の政治的主張を貫くために町有地を随意契約で売却したのは、けしからん」と強く主張し、形勢は「町有地売却無効」に大きく傾きかけたという。

ところがこれに対して、反対派の「市場価格に比べ不当に安い価格で売却するなどして町に損害を与えているわけでもないではないか」「最高裁が乗り出してまで、下級審判決をひっくり返すというほどのことでもないのでは」といった主張がしだいに第一小法廷の判事らに浸透していき、形勢が変わり始めたとされる。

最終的には、上告不受理の決定となった。つまり、原発建設をはばむ一審の判決が確定したのだ。

この最高裁決定が出た〇三年一二月一八日、東北電力の幕田《まくた》圭一《けいいち》社長は、「原発建設計画にとって非常に厳しい状況になった」との談話を出し、平山征夫《ひらやまいくお》・新潟県知事も

「（原発建設の）撤回はやむを得ない」と述べ、建設計画に事実上の終止符が打たれた。

多数の住民の建設反対の意思が背景にあったとはいえ、このケースでは最終的に司法が原発建設にストップをかける役割を果たしたということになる。

もんじゅ訴訟のときと同じ判事で構成された第一小法廷の判決でありながら、正反対の結果になったのはなぜだろうか。

さまざまな解釈が可能だが、二つの事件を分けた最大の違いは、原発がすでに建設されていたかどうかだ。巻町では建設前だったのに対し、もんじゅは建設されていったんは試験運転もしていた。いずれの事件でも、最高裁がそれぞれの現状を追認する判断をした点で共通している。最高裁はすでに建設されてしまった原発を否定することをためらったのではないだろうか。

さらに言えば、巻町に計画された原発が通常の軽水炉だったのに対して、もんじゅは国が約一兆円の巨費をつぎ込んで実用化に向けた研究を進めていた高速増殖炉だったことも大きい。そのような国への遠慮が、最高裁に働いたと見ることもできる。

第二節　知られざる最高裁事務総局

「爆発・大被害は想定しなくてよい」

「部外秘　環境行政訴訟事件関係執務資料　最高裁判所事務総局」と表紙に書かれた文書がある。一九七九年一一月に発行されたこの文書のはしがきには、こう書いてある。

「本書は、昭和四九年九月から昭和五四年三月までの間に開催された会同等における協議のうち、いわゆる環境行政訴訟事件の処理に関するものについて［……］その結果をとりまとめたものを集録し［……］たものである」

ここに出てくる「会同」というのは、法令解釈などについて裁判官が集まって協議するというもので、いつ、どのようなテーマで、どの裁判官が参加して開催するかは最高裁事務総局が決める。実際の会同の運営も、設定されたテーマについて各裁判官が意見を述べたあと、最後に事務総局側が見解を取りまとめる。

この資料には、一九七六年一〇月に開かれた会同で、原発の設置許可取り消し訴訟で周辺住民に原告適格（訴える資格）を認めるべきかどうかをめぐる議論がおこなわれたときのやりとりも収録されている。この当時、伊方、福島第二、東海第二の各原発をめぐって、原発周辺住民が国を相手取って原発の設置許可処分の取り消しを求めて相次いで提訴しており、一審の審理が続いていた。一部の原発訴訟では、国側が住民の原告適格を否定する主張をしていた。

こうした状況下で開かれたこの会同には、当時原発訴訟が実際におこなわれていた松山、福島、水戸の各地裁の裁判官も参加していた。

会同では、まず東京高裁の裁判官がテーマについて問題提起。続いて各地裁の裁判官からさまざまな意見が出た。なかには「付近住民は一応内閣総理大臣の許可処分に対しては、抗告訴訟（注・行政処分取り消し訴訟など）をもって争い得るのではないか」と原告適格を認める意見を述べた裁判官もいた。しかし最終的に、最高裁事務総局行政局の担当者が次のように見解を述べている。

「原子炉の事故と言うとすぐに原子炉の爆発イコール大被害という図式を簡単に想定しがちであるが、現在原子炉における事故として技術的な見地から想定される最大のものは一番大きな口径の排水管の破断という事故であり、その事故の起こる確率は極めて少ないということ、それから実用規模の原子力発電所の歴史は現在まで大体一五年以上にわたっており、現在世界中で一五〇基以上の原子炉が操業されているが、これまでその付近の住民に危害を与えたり、その人命に影響のあるような事故あるいは財産上大きな損害を及ぼしたというような事故はなかったということが指摘されているということである」（注・この当時、まだスリーマイル島原発事故もチェルノブイリ原発事故も起きていない）

そして「こういうような点を踏まえた上で、原告適格の有無ということを判断するとすれば［……］消極説（注・原告適格を否定する考え方）に立っても実際上の不都合は生じないということが言えるように思われる」と締めくくっている。

これを報じた当時の朝日新聞の取材に、最高裁事務総局行政局長は「協議会は新しいタイプの訴訟を適正に扱うための勉強会で、［……］行政局の発言も勉強会の一員としてであり、『最高裁の見解』では決してない」と説明している（朝日新聞一九九二年一〇月二六日付大阪本社版）。

ある裁判官が実際に経験した会同のようすを新聞記事から紹介したい。

「ある元裁判官は一九八〇年代後半、東京都内であった会同での光景を印象深く覚えている。最高裁という存在について考えさせられたからだ。

会場の意見交換は最終盤を迎えていた。最高裁の担当幹部が議論を引き取る形で『一つの参考として申し上げます』と〝見解〟を語り始めた。すると、それまで聞くだけだった出席者たちが一斉にメモを取り始めたのだ」（新潟日報二〇〇八年五月二日付）

まるで、学校の授業で何人かの生徒に答えさせてから、最後に教師が問題の「正解」を教えるような情景に見える。

こうした会同のあり方が、本当に「勉強会」と呼べるのだろうか。

一九八八年一〇月に開かれた会同では、原発訴訟の審理方式について協議された。この会同の概要を収録した最高裁事務総局編『行政事件担当裁判官会同概要集録』では、「司法審査の方法」について見解を示している。

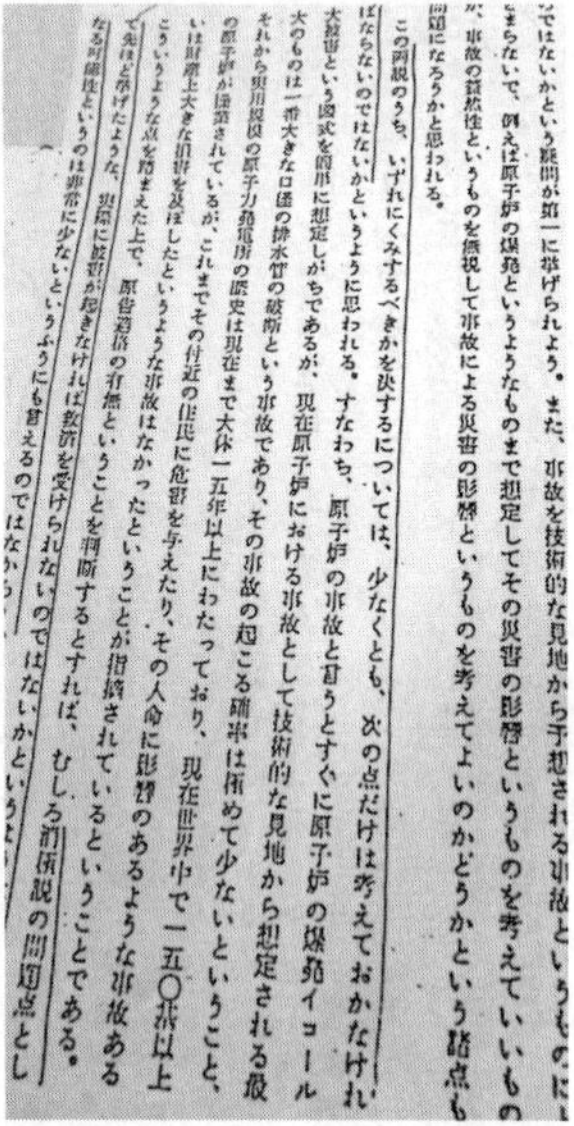
…ではないかという疑問が第一に挙げられよう。また、事故を技術的な見地から予想される事故というものに…まらないで、例えば原子炉の爆発というようなものまで想定してその災害の影響というものを考えていいもの…か、事故の蓋然性というものを無視して事故による災害の影響というものを考えてよいのかどうかという諸点も問題になろうかと思われる。

この両説のうち、いずれにくみするべきかを決するについては、少なくとも、次の点だけは考えておかなければならないのではないかというように思われる。すなわち、原子炉の事故と言うとすぐに原子炉の爆発イコール大災害という図式を簡単に想定しがちであるが、現在原子炉における事故として技術的な見地から想定される最大のものは一番大きな口径の排水管の破断という事故であり、その事故の起こる確率は極めて少ないということ、それから現用規模の原子力発電所の歴史は現在まで大体一五年以上にわたっており、現在世界中で一五〇基以上の原子炉が設置されているが、これまでその付近の住民に危害を与えたり、その人命に影響のあるような事故あるいは財産上大きな損害を及ぼしたというような事故はなかったということが指摘されているということである。こういうような点を踏まえた上で、原告適格の有無ということを判断するとすれば、むしろ前説の問題点として先ほど挙げたような、実際に被害が起きなければ救済を受けられないのではないかという…なる可能性というのは非常に少ないというようにも言えるのではなかろ…

裁判官会同で示された最高裁事務総局行政局の見解

「ここでの判断は、将来、事故等が発生しないかどうかという未来の予測にかかわる事柄であって、高度の専門技術的知識が必要であり、法は、そのような判断をするにふさわしいスタッフを擁しているところの行政庁に専門的立場から判断をさせるというシステムを採っていると考えられる」

「そうだとするとその判断の適否を審査するに当たっては、裁判所としても、行政庁のした判断を一応尊重して審査に当たるという態度をとるべきであるということになるのではなかろうか」

「そうだとすると、やはり、裁判所は［……］行政庁のした判断に合理性、相当性があるといえるかどうかという観点から審査をしていけば足りるというべきであるように思われる」

実はこの見解は、その後、九二年一〇月に言い渡された伊方最高裁判決が判決理由で示した「裁判所の審理、判断は、原子力委員会若しくは原子炉安全専門審査会の専門技術的な調査審議及び判断を基にしてされた被告行政庁の判断に不合理な点があるか否かという観点から行われるべきであって」という見解と非常に似ている。

要するに、裁判所は、行政庁の判断に合理性があるかどうかという観点から審査すべきだと述べている点はまったく同じ論理構成だ。最高裁事務総局は「会同での行政局の発言は『最高裁の見解』ではない」と反論するが、結果的には、伊方最高裁判決を先取りするようなかたちで、会同で「最高裁の見解」を示していたに等しいのである。

ちなみに、新藤宗幸名誉教授の著書『司法官僚』によると、最高裁事務総局が月二回発行する「裁判所時報」には、一九七〇年ごろまでは会同のテーマ、開催日時、参加人数などが公表されていたが、一九九六年から二〇〇八年の一三年間は、事務総局の民事・刑事・行政などの事件局が主導する法令解釈についての会同に関するニュースは見あたらなくなったという。

海渡弁護士は「思想統制とまでは言えないとしても、事務総局の意見に下級審の裁判官を誘導する効果を持っていたはずだ。個別の訴訟の帰趨《きすう》に重大な影響を与えるような見解を実際の審理にかかわっていない行政局が示したことは非常に不適切で、裁判官の独立を脅かす行為だ」と批判する。

人事の実権も握る

この最高裁事務総局とはいったいなんだろうか。

裁判所法は「最高裁判所の庶務を掌《つかさど》らせるため、最高裁判所に事務総局を置く」（第一三条）としているだけで、その庶務の具体的な内容は規定していない。

最高裁判所事務総局総務局が編纂した『裁判所法逐条解説』は「『庶務』とは事務一般を意味する」としたうえで「具体的事件の審理および裁判に関して必要な調査は、別に置かれる裁判所調査官の掌るところであり〔……〕具体的事件の処理に関する事務総局の職務の範囲は、調査官や書記官の職務に属さないきわめて事務的、機械的な事項にかぎられる」と解説している。本来、事務総局というのは、何の権限もない「事務的、機械的な職務」をする組織とされていたのだ。

ところが一般には、事務総局の仕事は、裁判官の人事・報酬の決定から、裁判所予算の作成、決定と財務省との交渉などにいたるまで、司法行政全般にわたると見られている。なぜこうなっているのだろうか。これらの権限はもともと、最高意思決定機関である最高裁裁判官会議に属し、事務総局は裁判官会議の補助機関にすぎないはずだった。にもかかわらず、裁判官会議では実質的な議論がおこなわれず、会議がセレモニー化・形骸化してしまったため、司法行政の実権は事務総局が握ることになったのだ。

裁判官会議の驚くべき実態を描いた本がある。元最高裁判事の藤田《ふじた》宙靖《ときやす》氏の『最高裁回想録――学者判事の七年半』である。少し長くなるが、紹介したい。

「裁判官会議に出席して、何よりも驚いたのは、その会議時間の短いことである。東北大学にいたころ、法学部の教授会の時間の長いことには、想像を絶するものがあった。大体午後の一時半に始まり、早くても七時、少し紛糾すれば、夜九時、一〇時にまで至ることも、稀ではない」

「二六歳の時から三六年間にわたりこのような世界で生きて来た私は、司法行政の最高責任を負う最高裁裁判官会議なるものも、さぞや長時間にわたり、又喧々諤々の議論が展開される場なのであろうと、日常の裁判にも増して、週一回の裁判官会議の負担に当初気の塞ぐ思いであったのであるが、実際には、毎回せいぜい三〇分から一時間。時には、議題無しとして、会議自体キャンセルされることもあった。極め付きは、全裁判官が集まったので会議が始まり、定刻前に終了してしまったケースであろう」

「そして実際、最高裁における司法行政なるものは、事務総局からの報告・提案につき、二～三の裁判官から若干の質問が出ることはあっても、結果的には裁判官会議としてこれを了承する、ということにならざるを得ないのであって、全国の裁判組織に関するヒト・カネ・モノについて、それがどうあるべきかの詳細を、一五人の裁判官がいちいち検討する等ということが、時間的にも能力的にも出来るわけはないのである」

それにしても、さきほど述べたように会同で裁判官に対し、法律解釈について特定の見解を示すことも「庶務」といえるのだろうか。最高裁事務総局のこうしたあり方について、前出の元最高裁判事Aさんに再度聞いてみた。

「『こうしなさい』というふうに会同の主催者である最高裁の事務総局が言うことは絶対にあってはならないことです。事務総局の役割は、その問題点について、どういう資料があり、どういう説があり、統計的にはどうなのか、といった客観的なデータを提供することです。あとは裁判官の皆さんに議論の場を提供する。自由に議論していただく。そして、議論した結果、どういう意見が闘わされたか、を皆さんに還元することにあります。そこで、事務総局が考えた意見をまったく言ってはいけないというわけではありませんが、それはあくまで現在その局が考えている一つの意見であって、現場の裁判官がそれに拘束されるわけではないし、義務もない。参考の意見として取ればいいだけです」

「それに迎合するとか、それに従わないとどうなるとか、そんなことは絶対あってはいけないし、ないと思っています。もし裁判官のなかに『行政局がこう言っているから、反対できない』という裁判官がいたとしたら非常に残念なことで、そんなことにこだわったり、拘束感を持ったりせずに、自由に考えて判決を出すべきです。だから、事務総局側はそういうふうに取られかねないような言い方は絶対してはいけないんです。局の見解の出し方も、程度をわきまえるべきです」

前出の『司法官僚』で、事務総局を中心とする一部のエリート裁判官による現場の裁判官への統制の実態を描いた新藤名誉教授は次のように指摘する。

「人事評価や異動、昇給の基準などがオープンになっていない現状で、裁判官人事の実権を握っている事務総局が特定の見解を述べることは、現場の裁判官のあいだに『事務総局見解に反する判決を出せば、どのような仕打ちを受けるかわからない』といった疑心暗鬼の心理状態を生み、このことが事務総局による司法支配の力の源泉となっている」

竹崎博允・元最高裁長官

法律で「庶務を掌る」と定められている最高裁事務総局のあり方、本来司法行政について権限を持つ裁判官会議のあり方もこの際、見直すべき時期にきているように思える。

竹崎博允《たけさきひろのぶ》最高裁長官（当時）は、福島第一原

発の事故後の二〇一一年五月、憲法記念日の前に記者会見に臨んだ。

過去のほとんどの原発訴訟で裁判所が国や電力会社側の言い分を認めてきたことに関して、司法の果たした役割について質問され、「あらゆる科学の成果を総合し、原子力安全委員会などの意見に沿った合理的な判断がされているかに焦点を当て、司法審査してきたと理解している」と述べただけだった。

最高裁総務局第二課長兼第三課長、同総務局第一課長兼制度調査室長、同経理局長、同事務次長、同事務総長など事務総局の要職を歴任した人物だけあって、前出の八八年の会同で示された審査方式に関する見解をきっちり踏まえた受け答えだった。

第三節　陰の実力者「調査官」たち

結論に影響与える調査官

ところで、最高裁における審査とは実際にどのようにおこなわれているのだろうか。最高裁判事として審理の過程に携わった人たちの話を聞いてみたい。

弁護士出身で、神戸弁護士会会長、日本弁護士連合会副会長などを務めた元原利文さんは、一九九七年から二〇〇一年まで最高裁判事を務めた。在任中には女川《おながわ》原発一、二号機と志賀《しか》原発一号機の運転差し止めを求めた二件の訴訟の上告審を担当した。女川原発訴訟では裁判長を務めた。いずれも原告住民側の上告を棄却する決定をした。

しかし元原さんは「事件の詳細はよく記憶していません」と話す。

それも無理はない面がある。元原さんは三年八カ月の任期中に約五五〇〇件の事件を担当した。月平均一二五件、休日まで含めても一日当たり四件以上の事件を処理した計算になる。よほど印象的な事件でなければ、記憶に残らないはずだ。膨大な訴訟記録や

元最高裁判事・元原利文さん

当事者の主張のすべてに目を通していてはとてもこれだけの事件は処理できない。

そこで重要な役目を果たすのが「調査官」だ。調査官は裁判官を補佐するように付き添って、上告理由に当たるかどうかなどの観点からあらかじめ事件の前さばきをする。任官から一〇年以上の中堅の職業裁判官のなかから三十数人が選ばれ、民事、行政、刑事の三つの部門に分かれて調査を担当する。各部門には上席調査官がいて部門を統括、その上に全体を統括する首席調査官がいる。

例えば民事事件で最高裁は、原告などが二審判決に憲法違反があると主張する場合や最高裁判例に反する判断がある場合など、法令解釈に関する重要な事項を含むと認められる際にのみ審理・判決をすることになっている。

そこで、調査官は上告理由書などを読んで、上告あるいは上告受理案件に当たらないことが明らかなものは、判事が一堂に会して審議することなく結論を出せるという旨の報告書を書いて、主任裁判官に提出する。主任裁判官は記録を読んで審議にかけるべきかどうかなどについての意見を書いた「主任メモ」をつけて、各判事に回す。各判事に異議がなければ、合議を開かず書類を持ち回るだけの「持ち回り審議」によって処理されることになる。

元原さんの記憶では、全事件の九割以上は「持ち回り審議」によって「上告棄却」か「不受理」になっていたという。

「二件の原発訴訟についても審議した記憶はありませんから、おそらく調査官の意見通りに『上告棄却』となったケースだろうと思います」

元原さんの言うように、最高裁の判決や決定といえども、実質的には職業裁判官出身の調査官の考えによって左右される要素がかなり大きくなりそうだ。

第二部第二章に登場した塚原朋一さんは一九八三年から八八年まで調査官を務めた経験を持つ。塚原さんによると、書面だけの「持ち回り審議」がおこなわれるようになったのは八五年ごろからで、それ以前はすべての事件について裁判官が集まって審議していたという。調査官の具体的な仕事ぶりを聞いた。

――調査官の仕事はどのようなものでしたか。

「訴訟記録などを読んで、報告書を書き、裁判官に報告します。当時は担当調査官が次々と入れ替わりに裁判官審議室に入り、裁判官による議論がおこなわれ、その調査官の事件が終わると、『次の事件の○○調査官と代わってください』というかたちで、すべての事件を小法廷の五人の裁判官が集まって審議していました。調査官が裁判官とはちょっと離れたところに座っていると、主任裁判官が『この事件はこうこういう事案で、上告理由はこう言っていますが、報告書通り上告棄却でよろしいですね』と言って進めていく。そうした問題のない事件を『△（サンカク）事件』と言っていました。速いときは一件三〇秒ぐらいで審議が終わります。原判決に法律問題などがあって『重要な判断事項を含んでいる事件』のことは『○（マル）事件』と呼んでいました」

「それが八五年ぐらいになって、持ち回り審議方式が始まって、○や△に加えて、△にもいたらない『㊎（マルカン）』という口頭審議を省略する事件のジャンルが新たに加わりました。それで事件処理を簡単にすませるようになって裁判官が楽になりました」

「わたしはちょうど、『持ち回り審議』がない時代から、導入された時代への過渡期にいたので両方を経験しました。持ち回り審議を実施するようになって以降は、実際に裁判官が集まって審議する事件が大幅に減って、ある調査官などは四月に赴任して、自分が報告した事件で『要審議事件』に初めて立ち会ったのが夏休み明けだったという人もいました。要審議事件は判例になるとか、原判決を破棄するとかの事件などに限られますので、平均月一件あるかないかという状況になったとも聞いていました」

――そうすると、調査官が△事件とするか○事件とするか㊥事件とするかで、事件の運命は大きく変わることになりますね。

「そうですね。三好達《みよしとおる》さん（のちに最高裁長官）が首席調査官だった当時（八七～九〇年）、『現状ではあまりにも一人の調査官の事件の結論に対する実際上の影響力が大きすぎる』として、社会的な影響がある重要な事件は上司（つまり上席調査官や首席調査官）の決裁を経てから主任裁判官に報告書を出すというようなやり方になったようです」

――それまでは上司の決裁もなかった？

「ないですね。あくまで主任裁判官とのあいだで直接やりとりして、『これではだめだから報告書を出し直せ』と言われて、追加報告書を出させられたりしていました。以前はかなり一人の調査官に自由裁量的な側面があったのはたしかです。ところが、首席や上席調査官の決裁を経ているということになると、調査官が報告書に書いた意見は、調査官室全体の意見みたいな感じになりかねないので、そのあたりの運営は難しいですね」

――先輩からの指導などはありましたか。

「わたしは、調査官の一、二年目に柴田保幸さん（のちに東京高裁部総括判事などを歴任）という学識豊かな先輩に指導を受けました。調査官の責任の重さとは、自分が間違えば、ほかの調査官が指摘してくれることは期待できない、裁判官が責任を負い、自分では責任を負えなくなることなんだ、ということを教わりました。『自分の固有の結論、理由構成というのはあり得ない、君が自分でこう思うなどというのは、何の意味もない。すべては、法令の条文、立法資料、判例などの客観的な根拠にもとづかなければならないのだ』という指導を徹底的に受けました。そういう厳しい指導者は、その後はいなくなりましたが」

もんじゅ訴訟では「ミスリード」も？

首席調査官や上席調査官の決裁を経るようになってから、かえって調査官室全体の影響力がさらに高まったというのも皮肉な結果だ。

こうした「影響力が大きすぎる調査官」と直面して、疑問を感じた元最高裁判事もいる。

外務省条約局長や外務審議官などを経て、一九九五年から一〇年間最高裁判事を務めた福田博さんは、在任中、国政選挙のいわゆる「一票の格差」訴訟で、行政官出身の最高裁判事としてはめずらしく「投票価値の不平等は違憲」とする反対意見を書き続けた。二〇一一年から一二年にかけて最高裁が相次いで衆参両院に対する「違憲状態」判決を出すことにつながる道を切り開いた人物として知られる。

福田さんは、最高裁判事に就任して初めて審議に参加した参議院の定数訴訟で「一票の格差の存在は選挙人の選挙権を住所によって差別していることに等しく、民主的政治システムと相いれない」として「違憲」の反対意見を書こうとした。すると、調査官から「それは国会の広い裁量の範囲の問題という確立した最高裁判例に反します」などと激しく反対された。福田さんが書いた反対意見案の理由の大部分を削除して反対意見案を送り返してきた調査官もいた。

元最高裁判事・福田博さん

また、メディア向けに発表する反対意見のレジュメを書きたいと希望したところ（それまでは裁判官に見せることなく調査官が原稿を書いていたという）、上席調査官から「書くのは仕方がないが、多数意見のレジュメより長くては困ります」と指示されたという。福田さんは念のため最高裁事務総局秘書課長兼広報課長に照会したところ、「そんな決まりはありません。長すぎたら新聞記者が削るだけですから、ご自由にお書きください」と回答されたのでそれを調査官室に伝え、その後はそういう注文は出なくなったという。

調査官は当時、最高裁判事の意見の出し方まで細かく介入するようになっていたようだ。

それだけではない。調査官は、原告、被告など当事者とのあいだで訴訟の進行の仕方について話し合う進行協議の場を取り仕切ったりもしている。

もんじゅ訴訟の上告審では、原告弁護団による口頭弁論に先だっておこなわれた進行協議の場で、上席調査官が「弁論は一時間で終えてください。無効確認の要件である『明白かつ重大な違法』という法律論に絞って弁論してはどうですか」と述べたという。これを受けて、原告弁護団は、最高裁判決が法律問題が中心になるものと考えて一時間の弁論を組み立てた。ところが実際の判決では、法律論ではなく、事実認定によって二審判決をくつがえしたのだった。

原告弁護団の海渡弁護士は「調査官の発言は、われわれ原告弁護団に、『最高裁は法律論に関心を持っている』と信じ込ませて、事実認定に関する弁論をなるべくしないようにミスリードしようとしたとしか考えられません」と調査官のやり方を批判する。つまり、調査官が進行協議を利用して、当事者の弁論の内容にまで影響を及ぼしていたというわけだ。

エリートコースの道

こうした調査官のあり方をどう考えるべきだろうか。

最高裁判事として、もんじゅ訴訟のうち周辺住民の原告適格が争われた第一次訴訟の上告審で原告全員に原告適格を認める判決を出した園部逸夫さんは、調査官制度の現状に疑問を感じている一人だ。園部さんは京都大学助教授（行政法）から裁判官に転じ、最高裁上席調査官も経験したあとに筑波大学教授などを経て、八九年から九九年まで一〇年間最高裁判事を務めるというユニークな経歴を持っている。

園部さんは「改革が必要なのは調査官ですよ」と言う。

「調査官がいないと、最高裁判決は出てこない。判決をどっちに持っていくかは調査官しだいというくらいです。米国の連邦最高裁では、判事のもとで判決文の起案にかかわる調査官は、ロークラーク（law clerk）と呼ばれていますが、彼らはロースクール出たてながら飛び抜けて優秀な若者たちのなかから採用されています。判事と調査官のあいだには自由な議論があり、良い意味での緊張関係があります」
「日本のように、職業裁判官のエリートコースを歩む調査官が『失敗したら大変だ』と無難にふるまったら、どうしても司法の流れは保守的になりますよ。以前、議論があったことですが、小法廷を増やして、高裁判事や最高裁調査官を小法廷陪席判事に起用するなどして、調査官に表に出てもらうとよいと思いますね」

実は、そもそも日本の調査官制度は戦後の司法改革のなかで、米国のロークラーク制度にならって創設されたものだ。職業裁判官以外から任用することも想定した制度だった。当初の裁判所法には「裁判所調査官の任命は、一般の二級事務官吏に任命される資格を有する者の外、第六六条の試験（注・司法試験のこと）に合格した者についてもこれを行うことができる」（第五七条四項）と規定されていた。つまり一般の上級国家公務員や司法試験合格者から任用できることになっていたのだ。しかも、前出の『裁判所法逐条解説』でも、調査官は「ロークラークに相当」すると説明している。

ところが、この項目は一九五一年の裁判所法改正で削除されてしまった。また、それに先だっておこなわれた四九年の裁判所法改正では「最高裁判所は、当分の間、特に必要があるときは［……］裁判官を以て［……］調査官に充てることができる」とする附則が加えられた。

この経緯についてある元最高裁判事は「最高裁発足当初、たしかに職業裁判官出身でない調査官がいました。しかし、その後、役に立つのは裁判経験のある中堅どころの裁判官だということになって、裁判長をやれるようなある程度キャリアのある裁判官のなかから調査官を任用するようになりました」と説明する。

前出の『裁判所法逐条解説』も「本項は、暫定的措置」と前置きしつつ「調査官の職務内容を見ると、かなり高度の法律的素養、知識を要し、また、裁判実務または検察事務についての経験、知識が必要とされる場合がある」と、この附則の理由を解説している。

元最高裁判事・園部逸夫さん

つまり、調査官には高度な法律知識と裁判実務の経験が必要だから、職業裁判官から任用する必要があるというわけだ。

この附則により、職業裁判官から調査官への任用の道が開かれた。ところが、「当分の間、特に必要があるとき」の「暫定的措置」だったはずの職業裁判官の調査官への任用は、まもなく常態化していくことになる。

こうして米国のロークラーク的な存在としての調査官制度は骨抜きになったばかりでなく、園部さんが指摘するように調査官は「エリートコース」のポストとなってしまったのだ。

戦後の司法制度改革から七〇年余。当初の理念からはずれて、エリート裁判官の登竜門と化した調査官が、最高裁における審理を実質的に動かしている実態をどう改革すべきだろうか。

前出の新藤名誉教授は著書『司法よ！　おまえにも罪がある――原発訴訟と官僚裁判官』のなかで「原発訴訟の判決には司法官僚機構の構造と病弊が投影されている」と指摘している。

改めて調査官の問題点を尋ねると、こう答えた。

「そもそも法の建前上は、調査官は裁判官のアシスタントという位置づけでした。しかし、現在のように職業裁判官を調査官に任用することが常態化したため、特に行政官や弁護士、学者などの出身で裁判所実務に詳しくない最高裁判事に対しては優位な立場となります。その結果、調査官が裁判を主導する『調査官裁判』といわれる主客転倒の事態を招きました。調査官には、最高裁事務総局の司法官僚ポストばかりを歴任して、現場の裁判の経験が少ない者が多いのです。このため、過去の判例踏襲型の発想が強く、司法の硬直化の原因にもなっています」

問題点をそう指摘したうえで「このような弊害を回避するためには、調査官制度の本来の理念に立ち返って、職業裁判官以外の、外部の専門的な知見をもった者を一定の任期を定めて常勤職の調査官として採用すべきです」と提案する。

市民感覚に近い判断のために

また、二〇一〇年から一二年まで日本弁護士連合会（日弁連）事務総長も務めた海渡弁護士は、韓国で進められているような法曹一元化（弁護士など法曹資格を持つ人のなかから裁判官を任用する制度）が必要だ、と語る。

「調査官も含めて裁判官は当初の理念に立ち返って、弁護士などのうち、一定の実務経験がある人のなかから選ぶべきです。職業裁判官のように将来の昇任などを気にせずに、自由な発想から報告書を書く調査官が加われば、市民感覚に近いより常識的な判断ができるようになるはずです」

諸外国でも米国、英国、カナダ、オーストラリアなど法曹一元制度を採る国は多い。

一例として、韓国の改革の取り組みを見ておきたい。

二〇一三年一月から全面的法曹一元化を実施した韓国は、以前は日本と同様に裁判官は、司法試験合格者のうち、司法研修院（日本の司法研修所に相当）での二年間の研修を経た者のなかから任用していた。司法試験と司法研修中に受ける試験の成績が優秀な順に序列化して初任地の配属先が決まるため、成績順の番号は裁判官のキャリアを通じて一生ついて回り、人事配置もこの成績によって決まっていたという。

こうした職業裁判官制度に対しては、一九九〇年代前半の民主化以降「試験成績がいいというだけで人生経験の浅い二〇代の若造が、年配の人の離婚訴訟や刑事事件で妥当な判決が出せるのか」といった批判が国民のあいだで高まり、裁判官などの腐敗事件の発覚などを契機に、一気に法曹一元化の議論が進んだといわれる。

新制度では、司法試験の代わりに法学専門大学院（ロースクール）卒業者を対象とした弁護士試験が実施され、従来のような司法研修院での司法研修は廃止される。裁判官は一〇年以上弁護士などの法曹経歴を持つ人のなかから、弁護士としての実績や評判などをもとに任用されることになった（ただし、最初の一二年間は経過措置がある）。また、弁護士試験合格者のなかから、裁判官の下で判決の原案を起案したり、判例などを調査したりする「裁判研究員（ロークラーク）」として毎年一〇〇人採用し、裁判実務に慣れさせる制度もスタートしている。

韓国では、二〇一三年から一七年までの五年間で計八三人の弁護士経験者などが裁判官に任官している。その数はまだ少ないが、これが、徐々に職業裁判官たちにも影響を与え始めているとみられる。

ソウル地方弁護士会が毎年会員の弁護士にアンケートしている「法官評価」によると、「当事者や弁護士を怒鳴りつける裁判官がいる」といった苦情がこの数年減る傾向だという。韓国の弁護士資格を持つ柳時亭《リュウシヒョン》さんは「かつては成績が一番いい人が裁判官になっていたので、『自分は偉いんだ』と思っている裁判官がいてもおかしくないとの評価がありましたが、今は弁護士などの経験があれば裁判官になれるので、そういう人たちが裁判所に入ってきたことで、裁判所の文化も変わりつつあるように見えます」と説明する。

日本でも二〇〇〇年代初め、政府の司法制度改革審議会が司法改革の議論を展開。日弁連が「法曹一元の実現に向けての提言」で、「官僚裁判官は［……］行政官庁などに親和的な態度をとりがちになる」などの問題点を指摘して、「弁護士となる資格を有する者で裁判官以外の法律職務に相当期間従事した者」から裁判官を任用するよう提言した。しかし、最高裁などの抵抗のため、法曹一元化の議論は深まらないまま、見送られたという経緯がある。この議論をもう一度やり直すことはできないだろうか。国民の側から改革を求める声がよほど高まらない限り、最高裁自身に改革を期待するのは難しいかもしれない。

第二章　原発訴訟のゆくえ

新しい訴訟のかたちが次々と

かつて原発訴訟と言えば、国を相手取り、原子炉設置許可処分の無効確認を求めるなどの行政訴訟が多かった。しかし伊方原発訴訟の最高裁判決（134ページ参照）が示した司法審査のあり方が、原告側の立証にとって高いハードルとなっている。この判決は「看過し難い過誤、欠落」がある場合には、行政庁の原子炉設置処分は違法と解すべき、との趣旨の結論を示した。裏を返せば、原告側がそのような立証ができないときは負け、ということだ。

さらに、住民勝訴の判決をくつがえした「もんじゅ訴訟」最高裁判決に象徴される行政追認型の消極的な姿勢もある。こうしたことから、原告弁護団も民事訴訟のほうが闘いやすいと考えていることがうかがえる。

第一部第二章で紹介した元裁判官の井戸謙一さんによると、三・一一後に提起された原発訴訟には、それまであまりなかった新しいかたちの訴訟が多くある。例えば次のようなものだ。

・国を相手取り、電力会社に原発を操業させないことを求める
・国や事業者を相手取り、原子炉を廃炉としないことによって被った精神的苦痛に対する賠償として慰謝料の支払いを求める
・事業者を相手取り、核燃料を最大限の安全を確保して保管・冷却することを求める
・電力会社に対する定期検査終了証の交付差し止めを求める
・経済産業相に原発の運転を停止させる義務付けを求める

井戸さんは原発事故後の原発訴訟で重要な論点として、班目春樹《まだらめはるき》・元原子力安全委員会委員長が、国会事故調のヒアリングに対して、原子炉安全設計審査指針に誤りがあったことを明確に認めた点を挙げる。

原子力安全委員会の委員長が原子炉安全設計審査指針に誤りがあったことを認めている以上、その指針にもとづいて審査され、設置されたすべての原子炉について、設置許

可処分が違法ということになるというのだ。

裁判官が「やりがいを感じます」

さて、福島第一原発事故後、原発訴訟に対して裁判官たちはどういう姿勢で臨んだのだろうか。「脱原発弁護団全国連絡会」共同代表の河合弘之弁護士は、原発事故直後は、裁判官の姿勢に変化の兆しを感じた。

「かつては電力会社などによる『原発は安全・安心』キャンペーンによる刷り込みの結果、裁判官たちも裁判が始まる前から『原発は安全』という前提で臨んでいました。わたしたち原告側が『巨大な地震や津波によって事故が起こる可能性がある』と主張しても『オオカミ少年のように大げさな主張をする人たち』という視線で見ていました。また、『原発のように国の大きな政策にかかわる判断は、裁判所の仕事ではない』といった消極的な姿勢も感じられました」

しかしこうした姿勢も、三・一一後には変わった。

例えば、ある原発訴訟の進行協議のため、裁判官と一対一で対面したとき、裁判官が「こういう重要な事件に関与できるのは、裁判官としてやりがいを感じます」と話した。

また、河合さんが弁護団長を務めた浜岡原発差し止め訴訟の口頭弁論でも、裁判長が

「安全性が立証できなければ、やめるということが当たり前でしょう」と述べたという。

ところが、河合さんによると、そうした裁判官の姿勢も、二つの出来事を境に三・一一以前のような状態に戻ってしまった。

一つは、二〇一二年一二月の衆院選で、原発再稼働を主張した自民党が大勝して、政権に復帰したことだ。これを機に原子力利益共同体（原子力ムラ）の勢力が、完全に復活した。福島の原発事故後一時期とはいえ、裁判所の中には「やはり国策に追従したのはまずかったかなあ」という空気が支配していたが、復活した原子力ムラによる、「一国のエネルギー政策を一裁判官が左右していいのか」といったキャンペーンの結果、裁判官たちが首をすくめ始めたという。

もう一つは、二〇一五年四月に福井地裁が関西電力・高浜原発三、四号機の運転差し止めの仮処分をした後に、最高裁事務総局を経験したいわゆる「エリート裁判官」ばかり三人が同地裁に異動して、同年一二月に、関電の異議を認めて仮処分を取り消す決定をしたことだ。「こうした露骨な人事をすればよほど鈍い裁判官でない限り、その人事の意味はわかるでしょう。こうした人事を一発かましておけば、多くの裁判官は忖度するのです」と河合さんは指摘する。

「それでも、わたしは悲観していません。裁判官は自分の腹さえ固めれば、最高裁が何を言ってこようと、良心に従って判決できるのです。大飯原発や高浜原発の運転差し止めの判断をした元福井地裁裁判長の樋口英明さん（16ページ参照）のような良心的な裁判官はほかにもいるはずです。わたしたちは、そうした良心的な裁判官に当たった時に、その心に届くようなわかりやすい科学論争を展開しなければならないと考えています」

最高裁の司法研修所で二〇一二年一月、ある研究会が開かれた。
「複雑・困難な損害賠償・差止請求訴訟事件等」がテーマで、全国の地裁の裁判官三五人が集まった。原発訴訟をはじめ、諫早《いさはや》湾開門請求訴訟やB型肝炎訴訟、アスベスト訴訟……。社会の耳目を集め、しかも専門的・科学的知見を必要とするものや国の政策変更を迫る訴訟などを想定して、大学教授や弁護士、新聞社の論説委員なども招いて二日間にわたって議論が交わされた。

その議論を収録した内部資料は、原発訴訟に関する議論に最もスペースを割いている。それによると、原発訴訟についての判断の枠組みやその審査密度についてどう考えるべきかという問いに、参加した裁判官からは審理のあり方を再検討する必要性を訴える声が上がった。ある者はこう述べている。
「福島第一原発事故の経験に鑑みて、裁判所が実体的判断に踏み込んだ司法審査をすべきだという声が高まっている」

「従前の判断枠組みや審査密度について再検討しておく必要がある」

また、原発の運転差し止めを求める民事訴訟で考慮すべきことについての議論もあった。別の者がこう発言した。

「被告（電力会社）において、福島第一原発事故により現実化した原発の問題点に関し、相当の資料をもって安全性の立証をする必要があると解することになる」

つまり、原発の安全性についての立証責任を電力会社側により重く負わせるべきだというわけだ。さらに、このような訴訟で裁判所は専門的・科学的知見をどのような方法で取り入れていくべきかという問題については、従来の審理のあり方に疑問が投げかけられた。

「当事者が提出する専門家の意見書や専門家証人の尋問は、当事者の一方に有利な内容のものとなることは避けられない」

「原子炉施設の安全性に関する鑑定については、専門家のあいだでも科学的評価や将来予測に関して見解が分かれる問題であることを考慮し、複数の鑑定人による共同鑑定が望ましい」

このように、三・一一後、各地で実際に起こされた原発訴訟を念頭に置いた議論がおこなわれている。原発事故を経て、現場の裁判官たちの意識は変わりつつあるのかもしれない。

しかも、この研究会には札幌、水戸、大津、松山、大阪、鹿児島などの地裁の部総括判事（裁判長）も参加しているのだ。そこでは、そのときすでに原発訴訟が係属しているか、のちに実際に訴訟が提起されている。

また、エリートコースといわれる最高裁調査官や最高裁事務総局行政局の課長を経験した裁判官、東京、大阪、名古屋、札幌、仙台、広島、高松といった主要な地裁の部総括判事の名前もずらりと並んでいる。こうした顔ぶれの裁判官たちが研究会の議論に参加したことは、今後の原発訴訟のゆくえを考えるうえで、重要な要素となりそうだ。

ところが――。

それからわずか一年後の二〇一三年二月に司法研修所で開かれた、同じく「複雑困難訴訟」をテーマとした研究会では、前年とまったく様相が変わってしまった。

パネリストに行政法や、民事手続法が専門の大学教授、法務省大臣官房審議官、読売新聞社論説副委員長などを招き、全国各地の裁判官が参加して行われた研究会では、「原発訴訟の審理運営や判断のあり方についてどのように考えるべきか」などの問題に

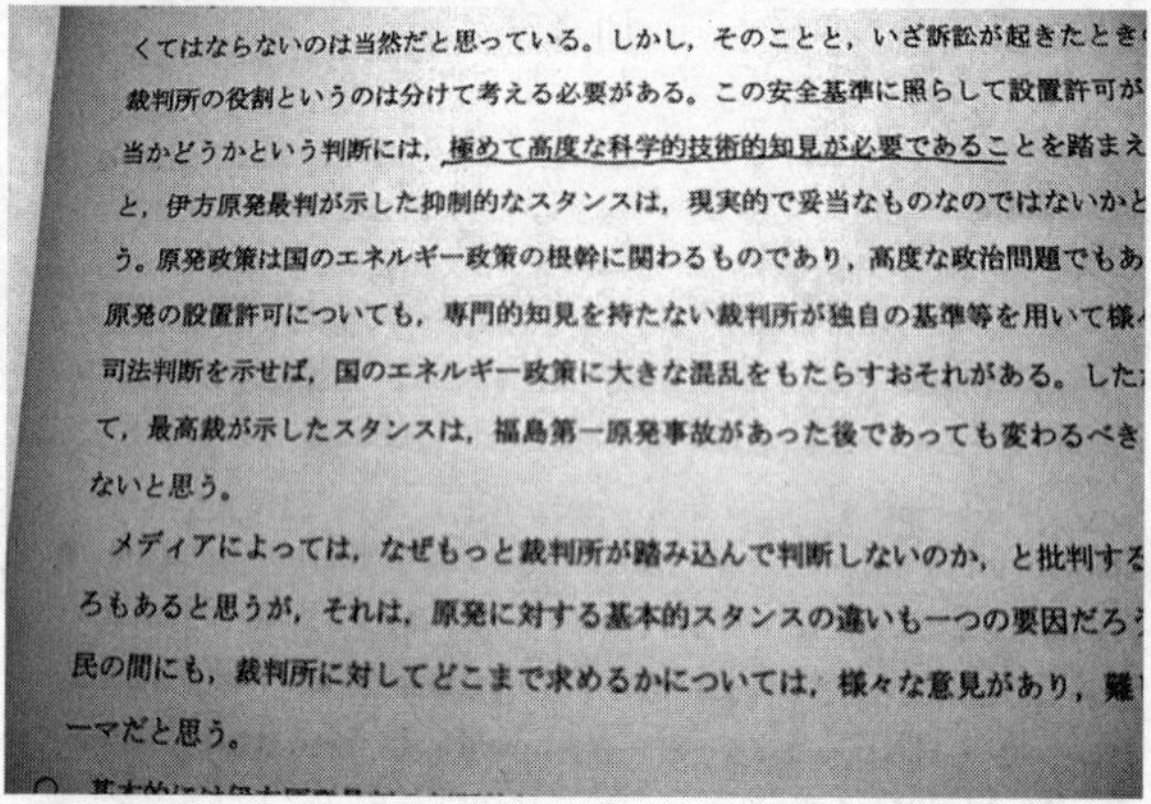

くてはならないのは当然だと思っている。しかし，そのことと，いざ訴訟が起きたとき
裁判所の役割というのは分けて考える必要がある。この安全基準に照らして設置許可が
当かどうかという判断には，極めて高度な科学的技術的知見が必要であることを踏まえ
と，伊方原発最判が示した抑制的なスタンスは，現実的で妥当なものなのではないかと
う。原発政策は国のエネルギー政策の根幹に関わるものであり，高度な政治問題でもあ
原発の設置許可についても，専門的知見を持たない裁判所が独自の基準等を用いて様々
司法判断を示せば，国のエネルギー政策に大きな混乱をもたらすおそれがある。した
て，最高裁が示したスタンスは，福島第一原発事故があった後であっても変わるべき
ないと思う。
　メディアによっては，なぜもっと裁判所が踏み込んで判断しないのか，と批判する
ろもあると思うが，それは，原発に対する基本的スタンスの違いも一つの要因だろう
民の間にも，裁判所に対してどこまで求めるかについては，様々な意見があり，難
ーマだと思う。

「複雑困難訴訟研究会」結果概要より。講師の一人が「最高裁が示したスタンスは、福島第一原発事故があった後であっても変わるべきではない」と発言したとされる

ついて、主にパネリストの側から伊方最高裁判決の考え方を支持する意見が次々と披露された。

「伊方原発最判（注・最高裁判決）で示された司法審査の在り方は、［……］裁判所は行政庁の判断をある程度は尊重する、しかし、広い裁量というものまでは認めない、というものであるが、この考え方は学界でも比較的支持されており、私自身も基本的には支持してよいと考えている」

「極めて高度な科学的技術的知見が必要であることを踏まえると、伊方原発最判が示した抑制的なスタンスは、現実的で妥当なものなのではないかと思う」

「原発政策は国のエネルギー政策の根幹

に関わるものであり、高度な政治問題でもある。〔……〕専門的知見を持たない裁判所が独自の基準等を用いて様々な司法判断を示せば、国のエネルギー政策に大きな混乱をもたらすおそれがある」

参加した裁判官の側からの意見は数少なく、それも次のように、パネリストの意見に追従する意見がほとんどだった。

「基本的には伊方原発最判の判断枠組みに従って今後も判断していくことになると思う」

「伊方原発最判の枠組みで判断することに賛成である」

当時、福井地裁の裁判長として研究会に参加した樋口英明さんは、まるで福島第一原発の事故などなかったかのような雰囲気を感じた。樋口さんは、前年に提起された関西電力・大飯原発三、四号機の運転差し止め請求訴訟を担当していた。「ずいぶん気楽でのんきな話をしているなあ」と感じた。

「新規制基準ができてからじっくり考えればいい」という趣旨の発言もあったが、一刻も早くその安全性について判断を示さなければならないと考えていた樋口さんにとって、研究会の議論は悠長に思えたという。

それに加え、福島第一原発の事故以前に、原発の運転差し止め判決をした井戸謙一さんについて一切言及がなかったことにも違和感があった。

「三・一一前に、原発事故が起きる可能性をある意味で予見していたとさえ言える井戸さんの判決など歯牙にもかけないような議論の流れには、正直言って気分が悪くなりました」と樋口さんは振り返る。

前年とは一転して、伊方最高裁判決の考え方を支持する議論の方向になったことについて、樋口さんは「学生時代からずっと通説や多数説は何かということを勉強してきたためでしょうか、裁判官というのは何より少数派になることを恐れる人たちです。多数派がこちらになりそうだという雰囲気が作られてしまえば、その方向に行ってしまうのです」

と説明する。一方で、こう語った。

「世の多くの人たちは、従わなければ地位や収入を失ってしまうという状況のなかで、圧力やしがらみによって、自分の信念を曲げざるをえないことは多いでしょう。しかし、裁判官にはそのような明確な圧力もしがらみもないのです。あるのは雰囲気だけです。複雑困難訴訟の研究会もそのような雰囲気作りのために開かれているのかもしれません」

「国民が変われば、裁判も変わる」

しかし、地裁や高裁の裁判官の意識が変わっても、最終的な結論を出す最高裁が変わらなければ、結局は同じことだ。そこで、行政法学者の藤田宙靖《ふじたときやす》さんに、最近の最高裁のようすを聞いた。二〇〇二年九月に東北大学教授から最高裁判事となり、一〇年四月までの七年半にわたり内部から最高裁を見てきた人物だ。

――近年、最高裁は積極的に違憲判決を出すなど、立法や行政に対して厳しい判断をするケースが増えているようです。なぜでしょうか。

「最高裁は設立以来七〇年余の歴史のなかで、一〇件の違憲判決を出しています。そのうち三件は、わたしが判事を務めた七年半の間に出されました。強く感じたのは、裁判官の世代交代の影響です。下級審の裁判官や最高裁調査官のときから、最高裁の判例に対する一定の問題意識を持っていて、自分なりの視点で考えることのできる職業裁判官が着実に増えていると思います。そうした優秀な人が最高裁判事に上がってきて、かねて持ち続けていた問題意識

藤田宙靖さん（本人提供）

を最高裁の場で実現しているように感じました」

「また、政府が約二〇年前に取り組んだ一連の司法制度改革の影響もあって、裁判官のあいだでも『国民の権利救済や弱者救済にもっと踏み込んでいかなければならない』という意識が共有されるようになった点も見過ごせません。よく裁判官は世間知らずの代表のように言われますが、意外と時代の空気に敏感に反応しているのです」

――ただ、それ以前の最高裁は、立法や行政の裁量権を幅広く認める「権力寄り」の姿勢を長く続けていました。

「裁判所は中立公正を維持する立場から政治の問題にあまり立ち入るべきではない、というフィロソフィーが根強くあったと思います。一方で、自分たちは政治や行政の専門家ではない、という自己規定もあったのではないでしょうか」

――著書『最高裁回想録』で、かつて最高裁が保守的な判例をかたくなに維持してきたことに関して「最高裁の頑迷」と表現しています。

「学者として外から見ていたときはそう思っていましたが、見えないところで最高裁は確実に変化していました。職業裁判官出身の判事の皆さんも想像していたのとはかなり違って、リベラルで柔軟な考え方の集団でした」

――しかし、なぜか原発訴訟に関しては、先行判例である伊方最高裁判決の審査方式をかたくなに維持しました。あの判決は、原告にとって高い立証のハードルを設定したとして、「行政寄り」の司法審査を招いたと批判もありますが。

「裁判所も、わたしを含めた国民一般と同様、基本的には、いわゆる『原発安全神話』のなかにいたのだと思います。原告はわずかな技術的な問題を針小棒大に騒ぎ立てているのではないか、と思った裁判官も少なくなかったのではないでしょうか。だとすれば、裁判所は原発の安全性についての実体的判断をするのではなく、行政の判断手続きに問題があるかないかを審査すればいいのだ、という伊方最高裁判決の審査方式で足りると考えたとしても不思議はありません」

――藤田さんご自身、第三小法廷の一員として東海第二原発訴訟の上告審で、上告棄却の決定をしていますね。

「それは具体的な事案についての審議の内容に関する話になりますので、お答えすることができません」

――福島第一原発の事故で安全神話は打ち砕かれました。最高裁は変わるでしょうか。

「訴訟が最高裁まで上がってくるのはかなり先になるでしょうから、どうなるかはわかりませんが、おそらく国民の多くが感じたのと同じように『安全神話』のままではいけない、と裁判官も考えるでしょう。そのうえで、行政の専門技術的判断をどの程度認めるかという審査になると思います。国民の意識が変われば裁判も変わるはずです」

「原発は違憲」という可能性も

結局のところ、三・一一の後、裁判官は変わったのだろうか。

前出の海渡雄一弁護士はこう指摘する。

「三・一一までの三十数年間で、住民側の請求を認めて、原子炉の設置許可の無効確認や原発の運転差し止めを認めた判決はわずか二件でした。それに比べて、三・一一以降の八年間で、原発の運転差し止めを命じた判決や仮処分は四件に上りました。福島の原発事故の惨状を目の当たりにして、明らかに裁判官の意識が変わりつつあると思います」

住民側の請求を認めるところまでにはいたらなくても、個別の論点については住民側の主張を認める裁判官も目立ってきたという。代表的な例としてあげるのは、二〇一六年四月六日の福岡高裁宮崎支部（西川知一郎裁判長）の決定だ。これは九州電力川内《せんだい》原発一、二号機の運転差し止めの仮処分を求めた住民の申し立てを却下した鹿児島地裁決定に対する住民側の抗告を棄却したもの。

そこでは、原子力規制委員会が策定した「原子力発電所の火山影響評価ガイド（火山ガイド)」が、火山の噴火時期、規模が相当前の時点で的確に予測できることを前提としている点で「その内容が不合理であるといわざるを得ない」と断定した。しかし結論としては、「極めて低頻度で少なくとも歴史時代において経験したことがないような規模及び態様の自然災害の危険性(リスク)については〔……〕無視し得るものとして容認するという社会通念」などを理由に、抗告を棄却した。

とはいえ、この決定のように火山リスクに着目する判断は、二〇一七年一二月一三日の広島高裁(野々上友之裁判長)による、伊方原発三号機に対する運転差し止めの仮処分につながる重要な判断だったといえる。

火山被害に基づく原発の運転差し止め判断は、この広島高裁の仮処分が初めてだ。しかも、高裁レベルで期間限定付きとはいえ原発の運転差し止めを認めたのもこれが初めてだった。この決定は同高裁の別の裁判部で行われた異議審で取り消されたが、前述の福岡高裁宮崎支部の「火山ガイドは不合理」と指摘した決定と並んで、今後の規制委員会の審査に何らかの影響を及ぼす可能性が高い。

これらの裁判所の判断について海渡弁護士は、「三・一一の前までは、原発訴訟に対して裁判官は『原告は何らかの政治的意図を持ってやっているのではないか』と見ていたと思いますが、福島の原発事故を経て、住民たちが、原発の稼働によって深刻な被害を受けることを避けるために裁判を起こしているという切実な実態が理解されるようになった結果だと思います」と話している。

そのうえで、海渡弁護士は、今後の裁判所に望むこととして、次のように話す。

「裁判所は、過去に国策に迎合して、正しい判断ができず、結果的に福島原発事故の悲劇を回避できた機会を失した責任を自覚・反省してほしいですね。判断の枠組みとしては、安全性の立証の責任を被告である国・電力会社側に負わせることが重要です。その安全性の基準は国際的に確立されているように、重大な過酷事故は一〇万年に一回以上の発生は避けなければならないという水準に置くべきです。それなら一万年に一回の発生確率の破局的火山噴火も当然判断の対象になります」

「また、これまで裁判所は『高度な専門技術的判断』や『社会通念上容認できる危険性』といった言い訳によって国策に追従する判断をしてきましたが、いまや原発に頼らなくても必要なエネルギーを供給できる時代になっているという事実を判断の前提に置いてほしい。そして、何より、日本は世界一の地震・火山大国であって、阪神・淡路大震災を境に日本列島は火山と地震の活動期に入ったとも見られます。このような状況で原発の再稼働を認めなかった福井地裁の樋口英明裁判長、大津地裁の山本善彦裁判長、広島高裁の野々上友之裁判長が下した判決・決定は、福島の原発事故という悲劇を経験した司法の良識を示したものといえます。市民の司法への信頼に応えるためにも、樋口さんたちに続く、勇気ある裁判官が次々と登場することを心から期待しています」

最後に、第三部第一章に登場した元最高裁判事のAさん（208、222ページ参照）にも、今後の原発訴訟のゆくえについて聞いてみた。すると「原発を憲法に照らしてみる」という新しい視点を示してくれた。裁判所には「違憲立法審査権」が与えられている。国会がつくった法律であっても、裁判所は憲法に違反していると判断して「無効」と言える。それによって、法律を改正する道が開かれるというのだ。

「なぜ、国民が選んだのでもないのに裁判所に違憲立法審査権が与えられているのかというと、民主主義に対するチェック機能なのです。民主主義を徹底していくと、多数者の横暴で少数者の権利が虐げられるということが起きかねません。多数者が『俺たちがいいんだから、お前たちは陰に引っ込んでいろ』と言い、少数者が不当な不利益を受けてしまってはいけない。民主主義が多くの人たちの幸せのために順調に機能していればいいんだけど、偏頗《へんぱ》なかたちで少数者の利益が侵害されたときこそ、裁判所のお呼びがかかる。それが、違憲立法審査権です。多数者や少数者ではなく、国民ひとりひとりに与えられた基本的人権を守るのが憲法です。この憲法に反するようなことを政府や国会がやった場合には、裁判所は憲法に照らして『それはいけない』と言える」

　これまでは、原発が法律に違反しないで運用されているならば、その採否・是非はもっぱら政策の問題であって、司法がそれに容喙《ようかい》することはできないとされてきた。しかし、これを憲法の次元にまで持ち上げて考えるならば、議論の余地があるのではないか。

　例えば、二〇〇八年に最高裁が国籍法に関して違憲判決を出した結果、その後、国籍法が改正された。そのように原発も憲法の次元で「違憲だ」という主張を伴えば、別の議論になるだろう、という。

「国民の基本的人権の侵害になる、といったような理論を組み立てて、説得力をもって詰めていくならば、それに裁判所が説得されるかもしれない、そのような道を探る余地はあるように思います」

　実際、このAさんの指摘通り、冒頭で紹介した関西電力・大飯原発三、四号機の運転差し止めを命じた福井地裁判決でも、「人格権は憲法上の権利」であるとして、「生命を守り生活を維持するという人格権の根幹部分に対する具体的侵害のおそれがあるときは、［……］侵害行為の差止めを請求できる」と述べ、憲法上の人格権を運転差し止めの根拠としている。

　この福井地裁判決も含め、福島第一原発の事故以後の八年間に、原発の運転差し止めを命じる判決・仮処分は四件出された。この結果についてAさんは、「原発事故の被害の甚大さを目の当たりにして、裁判官たちの意識も変わったと思います。原発はいかに恐ろしい存在であるかということに、気づかされたのでしょう。風力や太陽光、地熱など、原発よりはるかにリスクの小さいエネルギー源の選択肢が多く出てきていることも裁判官の判断に影響を及ぼしているでしょうね」と話す。

運転差し止めの判断は地裁と高裁でおこなわれただけで、最高裁は、福島第一原発の事故以降はまだ判断を下していない。これについてAさんはこう締めくくった。

「運転差し止めの判断が一件や二件ならともかく、四件も続いたのですから、最高裁としても、このような結論が出された理由について、本腰を入れて虚心坦懐に向き合い、その中に正当な部分があるならば、それを汲み取ることに吝《やぶさ》かではないでしょう。これまでもそうであったように、下級審の判断の積み重ねが、やがては最高裁の判断を変えていく可能性は十分にあると思います」

原発と裁判官。

その二つのあいだには深い溝がある。わたしたち市民にとっての「最後の砦」が真に機能するのかどうか、これから試されていく。

おわりに

三・一一から八年。あの震災を忘れないために、最初の三日間の新聞をいまも手元に置いています。「福島原発で爆発」「炉心溶融、建屋損傷」「最悪の事態回避へ懸命」。特大の見出しを見るたびに、風の流れによっては首都圏も壊滅しかねなかった事態をまざまざと思い出します。

第一部の冒頭で紹介した福井地裁の元裁判長、樋口英明さんが手掛けた判決は、真正面から福島第一原発事故に向き合うものでした。詳しくは巻末に「資料」として載せた判決を読んでいただきたいのですが、例えば電源喪失事故について、十分な備えをしていると主張する被告の関西電力に対して次のように書いています。

『弥縫《びほう》策にとどまらない根本的施策をとらない限り『福島原発事故を踏まえて』という言葉を安易に用いるべきではない」

「我が国の存続に関わるほどの被害を及ぼすにもかかわらず、全交流電源喪失から三日を経ずして危機的状態に陥いる。そのようなものが、堅固な設備によって閉じこめられていないままいわばむき出しに近い状態になっているのである」

この司法判断に至る過程はじつに論理的で、これを否定することはできないように思います。住民側勝訴としては三・一一後で初めてのこの判決は、司法に新しい流れをつくっても不思議ではないのです。ところが、この判決は高裁でくつがえされました。

一方で、「樋口判決」後の二〇一六年三月には、福井県にある高浜原発三、四号機をめぐり、大津地裁はその運転を差し止める仮処分決定を出しました。稼働中の原発を止めよ、と命じたのです。その決定は、新規制基準の妥当性に疑問を投げかけています。このような動きがあるのも事実です。

これからの原発訴訟は変わるのでしょうか。わたしたち市民はそのゆくえを見守っていかねばなりません。

表紙に用いた写真は裁判官が胸に付けるバッジです。現職の裁判官にお借りし、撮影しました。いわゆる三種の神器のひとつである八咫鏡《やたのかがみ》をかたどったものです。古事記のなかの天孫降臨の場面で天照大神《あまてらすおおみかみ》が地上へ降りる神に託した鏡であり、真実をくもりなく映し出すものの象徴です。閉塞感が覆う日本社会において、「民主主義の最後の砦」としての司法がそのような理想に少しでも近づくことを願うばかりです。

この文庫は、単行本『原発と裁判官——なぜ司法は「メルトダウン」を許したのか』に新たなインタビュー（第一部第一章）と追加取材の成果（第三部第二章の一部）などを加え、再構成したものです。三・一一後、おびただしい数の震災関連本が出版されましたが、裁判官の肉声を伝える書籍はほかにほとんどありません。最高裁の司法研修所が「複雑困難訴訟」と呼ぶ原発訴訟。それに挑むことの限界と可能性を浮かび上がらせることができたのではないかと自負しています。

わたしたち二人は地裁・高裁から最高裁まで、原発訴訟に関わった裁判官だけで十数人に話を聞きました。単なる証言集に終わらせないため、最高裁の動きも追いました。

なお、執筆については第一部と第二部を磯村が、第三部を山口が担当しています。

ここで改めて、取材に協力してくださった裁判官をはじめ、すべての関係者に感謝の気持ちをお伝えしたいと思います。とりわけ「脱原発弁護団全国連絡会」共同代表の海渡雄一弁護士には、深くお礼を申し上げます。単行本を編むときから文庫化まで、節目で貴重な情報やアドバイスをいただきました。

また、今回、行政学がご専門で原発訴訟に詳しい千葉大学名誉教授の新藤宗幸さんに解説を寄せていただきました。厚くお礼申し上げます。

朝日新聞出版の中島美奈さん、装丁を手がけてくださった弾デザイン事務所の渋澤弾さん、朝日新聞映像報道部の外山俊樹さん、そして、この本を手にしてくださったすべてのみなさま、ありがとうございました。

二〇一九年五月

磯村健太郎
山口　栄二

解説

新藤宗幸

1

東京電力福島第一原子力発電所のシビアアクシデント（過酷事故）から八年が過ぎ去った。放出された高線量の放射性物質は、地域住民の生活を破壊したばかりか、人体、土壌、大気、海洋に多大なダメージをもたらした。復興への道はきわめて厳しいのが実情である。こうしたなかで安倍政権は、二〇一八年七月三日、第五次エネルギー基本計画を閣議決定し、二〇三〇年度の原子力発電の構成比を、二〇～二二％とした。今後一〇年ほどのあいだに、三〇基程度の原発の再稼働が必要になる。原発を「重要なベースロード電源」とする政府の姿勢は相変わらずだ。

三・一一シビアアクシデント後、事故原因をめぐって多様な議論が展開された。「原子力ムラ」という言葉が一挙に流行語となった。原子力開発は「国策」とする政治権力に主導された利益共同体の「罪」は確かに重い。だが、こうした議論のなかでさほどの関心の的とされなかったのは、司法の動きについての検証である。

未曾有の過酷事故当時、国内にあった原発は五四基にのぼる。強勒な国家主導の共同体による原発の建設・稼働に危機感をもつ人びとにとって、建設の阻止や稼働停止の最後の拠り所は司法だった。一九七三年八月に周辺住民三五人は、内閣総理大臣を相手取って四国電力伊方原発一号機の設置許可処分の取消を松山地裁に提訴した。これをふくめて三・一一シビアアクシデント以前に提訴された原発訴訟は、原子炉の設置許可処分の取消ないし無効確認の行政訴訟が一二件、建設・運転差止の民事訴訟が六件だった。このうち、住民側原告勝訴は、二〇〇三年一月二七日の「もんじゅ」の設置許可無効確認を下した名古屋高裁金沢支部判決（裁判長・川崎和夫）と、二〇〇六年三月二四日の金沢地裁による北陸電力志賀原発二号機の運転差止判決（裁判長・井戸謙一）の二件にすぎない。これらも最終的には原告敗訴となっている。

なぜ、司法はこれほどまでに消極的であったのか。これらの原発訴訟を担当した裁判官は、いかなる思考と訴訟指揮にもとづいていたのか。その結果をいまどのように考えているのだろうか。そして今日、司法に変化は生まれているのか。

2

二人のジャーナリストによる本書『原発に挑んだ裁判官』は、おびただしい三・一一に関する報道や論考のなかで「空白」に近い原発訴訟の実態に迫るものである。担当裁判官たちに果敢にインタビューし、歴史的証言を引き出している。原発訴訟に限らず裁判官たちが担当した裁判について語ることは、現役時代はもとより退官後もほとんどないのが実態である。実際、著者のインタビューは順調に進んだわけではない。その意味では、本書に登場する裁判官たちは、真摯に三・一一の衝撃を受け止めた人びとといえよう。

原発訴訟を担当した地裁・高裁の裁判官たちの重要な判断基準とされたのは、一九九二年一〇月二九日に最高裁第一小法廷（裁判長・小野幹雄）が下した伊方原発訴訟判決である。本書も随所でこの判決に言及しているが、それは行政庁の判断過程に「看過し難い過誤、欠落があり、被告行政庁の判断がこれに依拠してされたと認められる場合には、被告行政庁の右判断に不合理な点があるものとして、右判断に基づく原子炉設置許可処分は違法と解すべきである」とするものだ。この判断基準には今日なお積極的支持がある。一見、「合理的」にみえる判断基準だが、専門的知識に欠ける裁判官は、行政庁の専門技術的裁量判断を「信頼」せよといっているに等しい。裁判官は個々に独立した存在なのだが、最高裁事務総局の権限は絶大である。この最高裁判決は原発訴訟を担当した裁判官を呪縛し続けた。

とはいえ、これに果敢に挑戦した裁判官が存在する。著者らは二〇一四年五月二一日に三・一一後、初の原告勝訴の判決である関西電力大飯原発三・四号機の運転差止を下した、福井地裁の樋口英明・裁判長へのインタビューを試みている。

樋口裁判長は、審理の開始にあたって、陪席の二人の裁判官に「過去の裁判例は調べないように」と指示したという。判例中心主義の裁判からみればきわめて異例である。要するに「自分の頭で問題事象を考えよう」ということであり、専門技術的訴訟といわれる原発裁判ではあるが、起こりうる事態へのリアルな想像力を必要とするという裁判官としての哲学にもとづいていよう。

この訴訟の勝敗を分けたのは、まさにそれを基本的視座とした地震の生来可能性についての思考である。電力会社が予測し行政庁がオーソライズした基準地震動（最大の地震加速度）にもとづく原発の耐震性は、本当に適正なのか。被告の関西電力は、七〇〇ガルを超える地震はまず来ないと主張するとともに、さらに耐震裕度を基準地震動の一・八倍の一二六〇ガルとして耐震強度を設定しているとした。だが判決は、一二六〇ガルが最大限度と想定する科学的根拠は存在しない、実際、日本で記録されている過去最大の地震動は、二〇〇八年の岩手・宮城内陸地震の四〇二二ガルであり、東北地方と大飯原発の所在する北陸地方ないし近畿地方との間に有意な違いは存在しないとした。さらに、主給水ポンプの安全確認はされておらず、事故の際に原子炉の冷却が不可能となる重大な欠陥が存在するとした。

樋口裁判長はたんに最高裁の判断基準にたいして独自性を発揮したのではない。かれは裁判官だが同時に優れた「市民科学者」であるといってよい。「良識と理性」こそが、高度に専門的な科学・技術にたいする審判の眼とされねばならないと強調する。この哲学こそが最高裁判決の呪縛から自らを解き放ったのだ。樋口裁判長は、二〇一五年四月一四日に高浜原発三・四号機の運転差止仮処分決定を下している。審判の論理は大飯原発三・四号機と同一である。

樋口裁判長のいう「良識と理性」は、原発にかぎらず不完全な巨大科学・技術にたいする眼と思考のあり方を教えていよう。原発訴訟は「複雑困難訴訟」であるとは司法の言葉だが、「複雑困難」にしているのは、行政庁や電力会社さらに周辺専門家などの推進側と同一次元で科学・技術をみているからである。

3

三・一一以前に原告勝訴を言い渡した二つの裁判においても、裁判長の思考は樋口裁判長と基本的に同一であったといってよいだろう。志賀原発二号機の運転差止を判決した井戸謙一・裁判長は、当時ほとんどだれも疑問視しなかった耐震設計指針にもとづく原発の脆弱性を指摘した。「夢の原子炉」とさえいわれた「もんじゅ」の設置許可無効確認を判決した川崎和夫・裁判長は、未完そのものの原子炉の危険性を余すことなく見抜いた。いずれも巨大科学技術信仰に対抗する「良識と理性」に支えられたものといってよい。

そして、本書に登場する原告敗訴を言い渡した裁判官たちも、たんに最高裁に従順であったのではない。かれらは、「原発絶対安全」神話に影響されつつも、内面では葛藤を繰り返した。かれらの「自省」の言葉が生かされる司法であってほしいものだ。

とはいえ、原発への厳しい眼が、今後、裁判の主流になっていくかどうかは即断できない。樋口裁判長の下した大飯三・四号機の運転差止と高浜三・四号機の運転差止仮処分決定は、それぞれ名古屋高裁金沢支部および異議審でくつがえされている。とりわけ、高浜原発の異議審を担当した三人の裁判官は、最高裁事務総局勤務を経験した「エリート」裁判官だ。最高裁事務総局から何らかの示唆があったかどうかは、さだかではない。問われるのは、裁判官が「自立」した専門職業人として係争を判断できる司法システムの構築である。最高裁事務総局の司法行政は、本書が解き明かすようにきわめて閉鎖的だ。裁判官の報酬、人事評価、転所（転勤）は透明性を備えたものではない。名実ともに裁判官の「自立」が保証されてはじめて、司法は市民にとって「最後の砦」となりうる。

ところで、現在の原発訴訟の審理は、二〇一三年六月一九日に原子力規制委員会がさだめた新規制基準に原発プラントが適合しているか否か、におかれている。審理にあたって持つべき視点は再論するまでもない。ただし、新規制基準はあくまで原発プラントの技術基準である。それから完全に抜け落ちているのは、住民避難計画についての評価基準だ。技術基準への新たな視点にくわえて、住民避難計画の有効性に裁判官の眼が向くかどうかは、原発裁判の行方を左右する。現地の実地調査をふくめた能動的司法たるべきである。

三・一一シビアアクシデントは、時間とともに忘れ去ってはならない事故である。本書が描き出した裁判官たちの苦悩を受け止めつつ、「脱原発社会」に進みたいものだ。

（しんどう　むねゆき／千葉大学名誉教授）

原発をめぐる主な司法の判断

1992年10月＜伊方原発１号機＞
設置許可取り消し訴訟で最高裁が上告棄却判決。原発訴訟に関する司法審査のあり方について初めて基準を示した

2003年１月＜もんじゅ＞
名古屋高裁金沢支部が設置許可無効確認の判決。原発訴訟で初めて住民側勝訴の判決

05年５月＜同＞
最高裁が名古屋高裁金沢支部の判決を破棄し、原告の控訴を棄却する判決

06年３月＜志賀原発２号機＞
金沢地裁が運転差し止め判決。原告住民側の勝訴判決は２件目

09年３月＜同＞
名古屋高裁金沢支部が、運転を差し止めた金沢地裁判決を破棄、請求棄却。後に上告も棄却され、確定

11年３月　東京電力福島第１原発がメルトダウン

14年５月＜大飯原発３、４号機＞
福井地裁が運転差し止めの判決。福島第１原発事故後、初めて原告住民側が勝訴

15年４月＜高浜原発３、４号機＞
福井地裁が運転差し止めの仮処分。原発の運転差し止めの仮処分が初めて認められた

15年12月＜同＞
福井地裁が運転差し止め仮処分に関する関西電力の異議を認め、仮処分を取り消す決定。再稼働が可能に

16年３月＜同＞
大津地裁が運転差し止めの仮処分

17年３月＜同＞
大阪高裁が、運転を差し止めた大津地裁の仮処分を取り消し、運転再開を求めて保全抗告していた関西電力の訴えを認める

17年12月＜伊方原発３号機＞
広島高裁が、住民の運転差し止めの申し立てを却下した広島地裁の決定を覆し、18年９月までの期限付きで運転を禁じる仮処分決定。高裁が初めて原発の運転を差し止めた仮処分

18年７月＜大飯原発３、４号機＞
福井地裁が運転差し止めを命じた判決を、名古屋高裁金沢支部が取り消し、原告住民の請求を棄却する判決。原告は上告せず、判決が確定

18年９月＜伊方原発３号機＞
運転を差し止めた広島高裁の仮処分に対し四国電力が申し立てた異議審で、広島高裁の別の裁判部が仮処分を取り消す

事項索引

・本文に出てくる主な事項を掲出した。

【資料】

大飯原発３、４号機運転差止請求事件　判決

2014年5月21日、福井地裁

本書の第一部の冒頭で紹介した大飯原発をめぐる訴訟について、結論にあたる「当裁判所の判断」の主要部分を紹介する。３・11後、原発訴訟として初の住民側勝訴であり、今後の原発訴訟に影響を与える可能性もあるためだ。

なお、全文は裁判所のホームページhttp://www.courts.go.jp/app/hanrei_jp/search1で、「裁判所名」を福井地裁と指定し、「全文」に上記の事件名を入力すると見ることができる。

＊特に重要な箇所は太字にした。
＊紙幅の関係で省いた箇所は「略」「中略」「後略」などとした。
＊原告と被告がそれぞれ提出した証拠の番号などは省略した。
＊読みやすさを考慮し、改行などを施したところがある。

〈当裁判所の判断〉

1　はじめに

ひとたび深刻な事故が起これば多くの人の生命，身体やその生活基盤に重大な被害を及ぼす事業に関わる組織には，その被害の大きさ，程度に応じた安全性と高度の信頼性が求められて然るべきである。このことは，当然の社会的要請であるとともに，生存を基礎とする人格権が公法，私法を問わず，すべての法分野において，最高の価値を持つとされている以上，本件訴訟においてもよって立つべき解釈上の指針である。

個人の生命，身体，精神及び生活に関する利益は，各人の人格に本質的なものであって，その総体が人格権であるということができる。人格権は憲法上の権利であり（13条，25条），また人の生命を基礎とするものであるがゆえに，我が国の法制下においてはこれを超える価値を他に見出すことはできない。したがって，**この人格権とりわけ生命を守り生活を維持するという人格権の根幹部分に対する具体的侵害のおそれがあるときは，その侵害の理由，根拠，侵害者の過失の有無や差止めによって受ける不利益の大きさを問うことなく，人格権そのものに基づいて侵害行為の差止めを請求できることになる。**人格権は各個人に由来するものであるが，その侵害形態が多数人の人格権を同時に侵害する性質を有するとき，その差止めの要請が強く働くのは理の当然である。

2　福島原発事故について　　　　　（略）

3　本件原発に求められるべき安全性，立証責任

(1) 原子力発電所に求められるべき安全性

（前略）

本件ではこの根源的な権利と原子力発電所の運転の利益の調整が問題となっている。原子力発電所は，電気の生産という社会的には重要な機能を営むものではあるが，原子力の利用は平和目的に限られているから（原子力基本法２条），原子力発電所の稼動は法的には電気を生み出すための一手段たる経済活動の自由（憲法22条１項）に属す

るものであって，憲法上は人格権の中核部分よりも劣位に置かれるべきものである。**しかるところ，大きな自然災害や戦争以外で，この根源的な権利が極めて広汎に奪われるという事態を招く可能性があるのは原子力発電所の事故のほかは想定し難い。かような危険を抽象的にでもはらむ経済活動は，その存在自体が憲法上容認できないというのが極論にすぎるとしても，少なくともかような事態を招く具体的危険性が万が一でもあれば，その差止めが認められるのは当然である。**

（中略）

新しい技術が潜在的に有する危険性を許さないとすれば社会の発展はなくなるから，新しい技術の有する危険性の性質やもたらす被害の大きさが明確でない場合には，その技術の実施の差止めの可否を裁判所において判断することは困難を極める。しかし，技術の危険性の性質やそのもたらす被害の大きさが判明している場合には，技術の実施に当たっては危険の性質と被害の大きさに応じた安全性が求められることになるから，この安全性が保持されているかの判断をすればよいだけであり，危険性を一定程度容認しないと社会の発展が妨げられるのではないかといった葛藤が生じることはない。原子力発電技術の危険性の本質及びそのもたらす被害の大きさは，福島原発事故を通じて十分に明らかになったといえる。**本件訴訟においては，本件原発において，かような事態を招く具体的危険性が万が一でもあるのかが判断の対象とされるべきであり，福島原発事故の後において，この判断を避けることは裁判所に課された最も重要な責務を放棄するに等しいものと考えられる。**

(2) 原子炉規制法に基づく審査との関係　　（略）

(3) 立証責任　　（略）

4　原子力発電所の特性　　（略）

5　冷却機能の維持について

(1) 1260 ガルを超える地震について

上述のとおり，原子力発電所は地震による緊急停止後の冷却機能について外部からの交流電流によって水を循環させるという基本的なシステムをとっている。**1260 ガルを超える地震によってこのシステム**

は崩壊し，非常用設備ないし予備的手段による補完もほぼ不可能となり，メルトダウンに結びつく。この規模の地震が起きた場合には打つべき有効な手段がほとんどないことは被告において自認しているところである。

すなわち，本件ストレステストに関し被告の作成した甲14号証の47頁には「耐震裕度が1.80Ｓｓ以上または許容津波高さが11.4ｍ以上の領域では，炉心にある燃料の重大な損傷を回避する手段がなくなるため，その境界線がクリフエッジとして特定された。」，被告の準備書面(9)17頁には「クリフエッジとは，プラントの状況が急変する地震，津波等のストレス（負荷）のレベルのことをいう。地震を例にとると，想定する地震動の大きさを徐々に上げていったときに，それを超えると，安全上重要な設備に損傷が生じるものがあり，その結果，燃料の重大な損傷に至る可能性が生じる地震動のレベルのことをいう。」との各記述があり，これは被告が上記自認をしていることにほかならない。

（中略）

しかるに，我が国の地震学会においてこのような規模の地震の発生を一度も予知できていないことは公知の事実である。地震は地下深くで起こる現象であるから，その発生の機序の分析は仮説や推測に依拠せざるを得ないのであって，仮説の立論や検証も実験という手法がとれない以上過去のデータに頼らざるを得ない。確かに地震は太古の昔から存在し，繰り返し発生している現象ではあるがその発生頻度は必ずしも高いものではない上に，正確な記録は近時のものに限られることからすると，頼るべき過去のデータは極めて限られたものにならざるをえない。証拠によれば，原子力規制委員会においても，16個の地震を参考にして今後起こるであろう震源を特定せず策定する地震動の規模を推定しようとしていることが認められる。この数の少なさ自体が地震学における頼るべき資料の少なさを如実に示すものといえる。**したがって，大飯原発には1260ガルを超える地震は来ないとの確実な科学的根拠に基づく想定は本来的に不可能である。**

むしろ，①我が国において記録された既往最大の震度は岩手宮城内陸地震における4022ガルであり（争いがない），1260ガルという数値はこれをはるかに下回るものであること，②岩手宮城内陸地震は大飯でも発生する可能性があるとされる内陸地殻内地震であること，③こ

の地震が起きた東北地方と大飯原発の位置する北陸地方ないし隣接する近畿地方とでは地震の発生頻度において有意的な違いは認められず，若狭地方の既知の活断層に限っても陸海を問わず多数存在すること，④この既往最大という概念自体が，有史以来世界最大というものではなく近時の我が国において最大というものにすぎないことからすると，**1260ガルを超える地震は大飯原発に到来する危険がある。**

（後略）

(2) 700ガルを超えるが1260ガルに至らない地震について

ア　被告の主張するイベントツリーについて　　（略）

イ　イベントツリー記載の事象について　　（略）

ウ　イベントツリー記載の対策の実効性について　　（略）

エ　基準地震動の信頼性について

被告は，大飯の周辺の活断層の調査結果に基づき活断層の状況等を勘案した場合の地震学の理論上導かれるガル数の最大数値が700であり，そもそも，700ガルを超える地震が到来することはまず考えられないと主張する。しかし，この理論上の数値計算の正当性，正確性について論じるより，現に，下記のとおり（本件５例），全国で20箇所にも満たない原発のうち４つの原発に５回にわたり想定した地震動を超える地震が平成17年以後10年足らずの間に到来しているという事実を重視すべきは当然である。

（後略）

記

①	平成17年８月16日	宮城県沖地震	女川原発
②	平成19年３月25日	能登半島地震	志賀原発
③	平成19年７月16日	新潟県中越沖地震	柏崎刈羽原発
④	平成23年３月11日	東北地方太平洋沖地震	福島第一原発
⑤	平成23年３月11日	東北地方太平洋沖地震	女川原発

被告は，上記地震のうち３回（①，④，⑤）は大飯原発の敷地に影響を及ぼしうる地震とは地震発生のメカニズムが異なるプレート間地震によるものであることから，残り２回（②，③）の地震はプレート間地震ではないもののこの２つの地震を踏まえて大飯原発の地震想定がなされているから，あるいは，①②③の地震想定は平成18年改正前の旧指針に基づくＳ１，Ｓ２基準による地震動であり，本件原発でとられているＳｓ基準による地震動の想定と違うということを理由と

して，これらの地震想定の事例は本件原発の地震想定の不十分さを示す根拠とならないと主張している。

しかし，上記３回（①，④，⑤）については我が国だけでなく世界中のプレート間地震の分析をしたにもかかわらず，プレート間地震の評価を誤ったということにほかならないし，残り２回の地震想定（②，③）もその時点において得ることができる限りの情報に基づき当時の最新の知見に基づく基準に従ってなされたにもかかわらず結論を誤ったものといえる。**これらの事例はいずれも地震という自然の前における人間の能力の限界を示すものというしかない。本件原発の地震想定が基本的には上記４つの原発におけるのと同様，過去における地震の記録と周辺の活断層の調査分析という手法に基づきなされたにもかかわらず，被告の本件原発の地震想定だけが信頼に値するという根拠は見い出せない。**

（後略）

オ　安全余裕について　（略）

カ　中央防災会議における指摘　（略）

(3) 700ガルに至らない地震について

ア　施設損壊の危険　（略）

イ　施設損壊の影響　（略）

ウ　補助給水設備の限界　（略）

エ　被告の主張について

被告は，主給水ポンプは安全上重要な設備ではないから基準地震動に対する耐震安全性の確認は行われていないと主張するが，主給水ポンプは別紙３の下図に表示されているものであり，位置関係を見ただけでも，その重要性を否定することに疑問が生じる。また，主給水ポンプの役割は主給水の供給にあり，主給水によって冷却機能を維持するのが原子炉の本来の姿であって，そのことは被告も認めているところである。**安全確保の上で不可欠な役割を第１次的に担う設備はこれを安全上重要な設備であるとして，それにふさわしい耐震性を求めるのが健全な社会通念であると考えられる。このような設備を安全上重要な設備ではないとするのは理解に苦しむ主張であるといわざるを得ない。**

オ　基準地震動の意味について

日本語としての通常の用法に従えば，基準地震動というのはそれ以

下の地震であれば，機能や安全が安定的に維持されるという意味に解される。**基準地震動Ｓｓ未満の地震であっても重大な事故に直結する事態が生じ得るというのであれば，基準としての意味がなく，大飯原発に基準地震動である700ガル以上の地震が到来するのかしないのかという議論さえ意味の薄いものになる。**

(4) 小括

日本列島は太平洋プレート，オホーツクプレート，ユーラシアプレート及びフィリピンプレートの４つのプレートの境目に位置しており，全世界の地震の１割が狭い我が国の国土で発生するといわれている。1991年から2010年までにおいてマグニチュード４以上，深さ100キロメートル以下の地震を世界地図に点描すると，日本列島の形さえ覆い隠されてしまうほどであり，日本国内に地震の空白地帯は存在しないことが認められる。日本が地震大国といわれる由縁である。

この地震大国日本において，基準地震動を超える地震が大飯原発に到来しないというのは根拠のない楽観的見通しにしかすぎない上，基準地震動に満たない地震によっても冷却機能喪失による重大な事故が生じ得るというのであれば，そこでの危険は，万が一の危険という領域をはるかに超える現実的で切迫した危険と評価できる。このような施設のあり方は原子力発電所が有する前記の本質的な危険性についてあまりにも楽観的といわざるを得ない。

6　閉じこめるという構造について（使用済み核燃料の危険性）

(1) 使用済み核燃料の現在の保管状況　　（略）

(2) 使用済み核燃料の危険性　　（略）

(3) 被告の主張について

被告は，原子炉格納容器の中の炉心部分は高温，高圧の一次冷却水で満たされており，仮に配管等の破損により一次冷却水の喪失が発生した場合には放射性物質が放出されるおそれがあるのに対し，使用済み核燃料は通常40度以下に保たれた水により冠水状態で貯蔵されているので冠水状態を保てばよいだけであるから堅固な施設で囲い込む必要はないとするが，以下のとおり失当である。

ア　冷却水喪失事故について　　（略）

イ　電源喪失事故について

（前略）

被告は福島原発事故を踏まえて使用済み核燃料の冷却機能の維持について様々な施策をとり，注水等の訓練も重ねたと主張するが，深刻な事故においては発生した事象が新たな事象を連鎖的に招いたりするものであり，**深刻事故がどのように進展するのかの予想はほとんど不可能である。**原子炉及び使用済み核燃料プールの双方の冷却に失敗した場合の事故が福島原発事故のとおり推移することはまず考えられないし，福島原発事故の全容が解明されているわけでもない。たとえば，高濃度の放射性物質が隣接する原子炉格納容器から噴出すればそのとたんに使用済み核燃料プールへの水の注入作業は不可能となる。**弥縫策にとどまらない根本的施策をとらない限り「福島原発事故を踏まえて」という言葉を安易に用いるべきではない。本件使用済み核燃料プールにおいては全交流電源喪失から3日を経ずして冠水状態が維持できなくなる。我が国の存続に関わるほどの被害を及ぼすにもかかわらず，全交流電源喪失から3日を経ずして危機的状態に陥る。そのようなものが，堅固な設備によって閉じこめられていないままいわばむき出しに近い状態になっているのである。**

(4) 小括

使用済み核燃料は本件原発の稼動によって日々生み出されていくものであるところ，使用済み核燃料を閉じ込めておくための堅固な設備を設けるためには膨大な費用を要するということに加え，**国民の安全が何よりも優先されるべきであるとの見識に立つのではなく，深刻な事故はめったに起きないだろうという見通しのもとにかような対応が成り立っているといわざるを得ない。**

7　本件原発の現在の安全性と差止めの必要性について

以上にみたように，**国民の生存を基礎とする人格権を放射性物質の危険から守るという観点からみると，本件原発に係る安全技術及び設備は，万全ではないのではないかという疑いが残るというにとどまらず，むしろ，確たる根拠のない楽観的な見通しのもとに初めて成り立ち得る脆弱なものであると認めざるを得ない。**

（後略）

8　原告らのその余の主張について　　　　　（略）

9　被告のその余の主張について

他方，被告は本件原発の稼動が電力供給の安定性，コストの低減につながると主張するが，当裁判所は，極めて多数の人の生存そのものに関わる権利と電気代の高い低いの問題等とを並べて論じるような議論に加わったり，その議論の当否を判断すること自体，法的には許されないことであると考えている。我が国における原子力発電への依存率等に照らすと，本件原発の稼動停止によって電力供給が停止し，これに伴なって人の生命，身体が危険にさらされるという因果の流れはこれを考慮する必要のない状況であるといえる。被告の主張においても，本件原発の稼動停止による不都合は電力供給の安定性，コストの問題にとどまっている。**このコストの問題に関連して国富の流出や喪失の議論があるが，たとえ本件原発の運転停止によって多額の貿易赤字が出るとしても，これを国富の流出や喪失というべきではなく，豊かな国土とそこに国民が根を下ろして生活していることが国富であり，これを取り戻すことができなくなることが国富の喪失であると当裁判所は考えている。**

また，被告は，原子力発電所の稼動がCO_2（二酸化炭素）排出削減に資するもので環境面で優れている旨主張するが，**原子力発電所でひとたび深刻事故が起こった場合の環境汚染はすさまじいものであって，福島原発事故は我が国始まって以来最大の公害，環境汚染であることに照らすと，環境問題を原子力発電所の運転継続の根拠とすることは甚だしい筋違いである。**

10　結論

以上の次第であり，原告らのうち，大飯原発から250キロメートル圏内に居住する者は，本件原発の運転によって直接的にその人格権が侵害される具体的な危険があると認められるから，これらの原告らの請求を認容すべきである。

（後略）

福井地方裁判所民事第２部

裁判長裁判官　樋　口　英　明

裁判官　石　田　明　彦

裁判官　三　宅　由　子

◎主な参考文献

【全体に関するもの】
石橋克彦編『原発を終わらせる』岩波新書、2011年
榎本聰明『原子力発電がよくわかる本』オーム社、2009年
海渡雄一『原発訴訟』岩波新書、2011年
北村行孝、三島勇『日本の原子力施設全データ』講談社、2001年
新藤宗幸『司法官僚――裁判所の権力者たち』岩波新書、2009年
新藤宗幸『原子力規制委員会――独立・中立という幻想』岩波新書、2017年
「法と民主主義」日本民主法律家協会、2011年6月号、2011年7月号

【第一部】
①小岩昌宏、井野博満『原発はどのように壊れるか――金属の基本から考える』原子力資料情報室、2018年
「判例時報」2228号、2014年、判例時報社　※以下、「判例時報」の出版社名は省略
樋口英明「原発訴訟と裁判官の責任」『世界』、岩波書店、2018年10月号
②「判例時報」1930号、2006年
「判例時報」1656号、1999年
③小林圭二『動かない、動かせない「もんじゅ」――高速増殖炉は実用化できない』七つ森書館、2010年
「判例時報」1818号、2003年
読売新聞科学部『ドキュメント「もんじゅ」事故』ミオシン出版、1996年

【第二部】
①「判例時報」1441号、1993年
「判例時報」1480号、1994年
②「判例時報」1482号、1994年
「判例時報」1680号、1999年
山本昭宏『核エネルギー言説の戦後史1945―1960――「被爆の記憶」と「原子力の夢」』人文書院、2012年
③伊東良徳『原発暴走事故』三一書房、1990年

東京電力福島原子力発電所事故調査委員会『国会事故調報告書』徳間書店、2012年
「判例時報」1591号、1997年
「判例時報」1686号、1999年
④新潟日報社特別取材班『原発と地震——柏崎刈羽「震度7」の警告』講談社、2009年
西野喜一『裁判の過程』判例タイムズ社、1996年
西野喜一『司法制度改革原論』悠々社、2011年
「判例時報」1175号、1986年
山本祐司『最高裁物語　上——秘密主義と謀略の時代』講談社+α文庫、1997年

【第三部】
①最高裁判所事務総局編『行政事件担当裁判官会同概要集録（その5）中巻　手続法編Ⅰ』法曹会、1992年
最高裁判所事務総局総務局編『裁判所法逐条解説　上・中・下巻』法曹会、1967～69年
新藤宗幸『司法よ！　おまえにも罪がある——原発訴訟と官僚裁判官』講談社、2012年
西川伸一『日本司法の逆説——最高裁事務総局の「裁判しない裁判官」たち』五月書房、2005年
「判例時報」1909号、2006年
「民商法雑誌」133巻4・5号、2006年
山口進、宮地ゆう『最高裁の暗闘——少数意見が時代を切り開く』朝日新書、2011年
②現代人文社編集部編『司法は原発とどう向きあうべきか——原発訴訟の最前線』現代人文社、2012年
藤田宙靖『最高裁回想録——学者判事の七年半』有斐閣、2012年

◎参考ウェブサイト
原子力百科事典ＡＴＯＭＩＣＡ　https://atomica.jaea.go.jp/
最高裁判所　http://www.courts.go.jp/saikosai/
裁判所　http://www.courts.go.jp/

原発《げんぱつ》に挑《いど》んだ裁判官《さいばんかん》　朝日文庫

2019年6月30日　第1刷発行

著　者　磯村健太郎《いそむらけんたろう》　山口栄二《やまぐちえいじ》

発行者　三宮博信
発行所　朝日新聞出版
〒104-8011　東京都中央区築地5-3-2
電話　03-5541-8832(編集)
03-5540-7793(販売)
印刷製本　大日本印刷株式会社

ISBN978-4-02-261971-6

朝日文庫

朝日新聞取材班
【増補版】子どもと貧困
風呂に入れずシラミがわいた姉妹、菓子パンを万引きする保育園児……。子どもの貧困実態を浮き彫りにする渾身のノンフィクション。

深代惇郎
深代惇郎の天声人語
七〇年代に朝日新聞一面のコラム「天声人語」を担当、読む者を魅了しながら急逝した名記者の天声人語ベスト版が新装で復活。《解説・辰濃和男》

深代惇郎
続・深代惇郎の天声人語
朝日新聞一面のコラム「天声人語」を一九七〇年代に三年弱執筆し、読む者を魅了した名記者・深代惇郎。彼の天声人語ベスト版続編が新装で復活。

疋田桂一郎
疋田桂一郎の天声人語
戦後を代表する記者が一九七〇年から約三年間担当した朝日新聞「天声人語」傑作選。経済成長と、変わりゆく日本人の心。読みつぐべきコラム。

保阪正康
安倍〝壊憲〟政権と昭和史の教訓
昭和史研究の第一人者が、敗戦につながる「昭和一〇年代」に着目。桐生悠々、二・二六事など多彩な素材を基に、日本人が学ぶべき教訓を引き出す。

朝日新聞長崎総局編
ナガサキノート
若手記者が聞く被爆者の物語
二〇代・三〇代の記者が、被爆者三一人を徹底取材。朝日新聞長崎県内版の連載「ナガサキノート」をまとめた、悲痛な体験談。さだまさし氏推薦。